Pink Floyd

Pink Floyd

Manuel López Poy

MA
NON
TROPPO

MA
NON
TROPPO

Un sello de Redbook ediciones
Indústria 11 (pol. Ind. Buvisa)
08329 Teiá (barcelona)
info@redbookediciones.com
www.redbookediciones.com

Diseño de cubierta: Regina Richling
Diseño de interior: Cifra

ISBN: 978-84-946504-0-6
Depósito legal: B-659-2017

Impreso por Sagrafic,
Plaza Urquinaona 14, 7º-3ª
08010 Barcelona

Impreso en España - *Printed in Spain*

Índice

Introducción

MÁS ALLÁ DEL ROCK & ROLL

¿Qué son Pink Floyd? ¿Una banda de rock? ¿Una confluencia de talentos coincidiendo y alejándose alternativamente? ¿Un espectáculo ambulante? ¿Unos genios brillantes y poco comprendidos? ¿Unos gurús de la contracultura? ¿Unos drogadictos con suerte? ¿Una anomalía del rock & roll? Como casi siempre, la verdad está en todas y en ninguna de esas definiciones. Lo que es indudablemente cierto es que fueron una de las más asombrosas bandas del rock & roll y marcaron una época de nuestra cultura. «Si alguien intentara un asalto visual y auditivo similar sería un desastre; los Floyd tienen abiertas las fronteras más amplias de la música pop». La frase no es mía, ni de ningún apasionado fan, sino de un periódico tan serio y sesudo como el *Financial Times*. En su día sirvió para la crítica de uno de sus conciertos, pero sirve perfectamente para definir toda su trayectoria. Porque si algo han hecho Pink Floyd es romper barreras, ir más allá del rock & roll. Mientras los grupos de finales de los 60 se sumergieron en la dinámica de paz y amor, los Pink Floyd decidieron zambullirse en el lado más hostil, más oscuro del rock.

Vendieron millones de discos pero nunca se plegaron a la comercialización y su nombre figura con letras de oro en el Olimpo de la música, pero siempre transitaron por el lado más underground, incluso cuando eran unas estrellas que gastaban dinero a espuertas en yates, guitarras de colección, coches antiguos o residencias dignas de la rancia aristocracia británica. Con unas permanentes relaciones de amor-odio con la prensa, nunca dejaron de estar en el ojo del huracán, bien por sus enfrentamientos personales, sus disputas legales, sus problemas con las drogas o su militancia social y política, algo que nunca dejaron de lado, aunque muchos les hayan reprochado que fuesen solidarios desde el escenario mientras vivían como príncipes, algo que, ya puestos, es extensible a todas las estrellas del rock & roll que han protagonizado los megaconciertos solidarios que han marcado el final del siglo XX y el principio del XXI.

La banda explotó a mediados de los 60, en los glamurosos días del Swinging London, el movimiento de la moda contracultural británica por el que transitaron los primeros Beatles, Rolling Stones, Animals, Who, Kinks y otros grandes mitos de lo que los norteamericanos conocieron como la British Invasion, que barrió de un plumazo la vieja concepción del rock & roll que solo una década antes crearon Elvis Presley, Chuck Berry, Buddy Holly o Bo Diddley, por citar solo a cuatro eminentes evidencias.

Los Floyd vivieron los días de fascinación por las drogas alucinógenas y lograron vivir para contarlo y para cantarlo, al menos la mayoría, porque Syd Barrett, el genial diamante loco que inspiró los primeros días de la banda, aunque no murió físicamente, sí sucumbió a aquella vorágine de psicodelia, dejando tras de sí una estela imborrable que ha acompañado a la banda hasta el día de hoy. Conocieron el calor de los garitos más cutres y la fría soledad de los grandes estadios. Convirtieron sus discos en obras de arte, obras maestras de un nuevo tipo de cultura popular en el que los géneros y las técnicas se mezclaban, y en el que la música, la imagen, el mensaje y la percepción extrasensorial componían un espectáculo único. Las canciones de Pink Floyd tienen vida propia de una forma casi literal, cada vez que las interpretan tienen algo distinto, algo nuevo, fruto de la creatividad del momento. Es prácticamente imposible encontrar a alguien con una mínima curiosidad musical, un ápice de curiosidad cultural, que no conozca a la banda o haya escuchado alguno de sus temas.

Nunca hicieron canciones comerciales o con formato para radio y aun así son uno de los grupos más populares y conocidos mundialmente. ¿Quién no ha oído hablar del Muro, o de Algie, el cerdo rosa volador, o del lado oscuro de la Luna? Sus aficionados son legión y cada uno tiene su propia visión de sus vidas y su propia lectura de sus obras. Para unos, Pink Floyd dejaron de existir cuando desapareció Syd Barrett, para otros, los auténticos Pink Floyd fueron los de la era Waters y para todos, serán siempre un mito sumergido en la leyenda y la controversia. Tanto juntos como por separado, los miembros de la banda han tenido una característica común: su preocupación social y su vertiente humanitaria. Eran tan egoístas en sus relaciones interpersonales, como generosos en sus contribuciones solidarias.

Sus cifras hablan por sí solas, aunque no ayudan a definirlos, porque los Floyd son, por naturaleza, indefinibles. Uno de sus discos aguantó 740 semanas en la lista americana *Billboard*, otro vendió 340.000 copias en 5 días solo en Gran Bretaña; hubo años en que ganaron más de 50 millones de dólares y giras en las que perdieron más de 20. Pero esto solo nos indica que fueron grandes entre los grandes. Pero, ¿eran geniales? ¿eran pomposos? ¿eran nihilistas? Este libro no tiene todas las respuestas, ni siquiera lo pretende. Este libro es básicamente una guía para acercarse al complejo y laberíntico universo de Pink Floyd y con ese objetivo la hemos estructurado en apartados muy concretos para que el neófito pueda conocer a la banda sin perderse en intrincados vericuetos, al tiempo que el aficionado seguidor tenga a mano una herramienta de consulta ágil y eficaz. Su única pretensión es hacer un relato ameno y documentado de los hechos y los días de una banda que protagonizó algunos momentos más revolucionarios del rock & roll y la cultura popular del siglo XX. Queda a tu juicio, lector, si lo consigue o no. Yo me sigo quedando con la duda de qué quería decir Roger Waters con aquello de: «Soy el hombre que desde afuera mira lo de dentro».

1. LOS ORÍGENES

Los ecos de un blues lejano

La historia oficial cuenta que Pink Floyd nació el 5 de junio de 1964, cuando a Syd Barrett se le ocurrió unir los nombres de dos viejos músicos de blues para rebautizar definitivamente a un serie de bandas que se habían sucedido sin mayor éxito y en las que el núcleo duro estaba integrado por Roger Waters, Nick Mason y Rick Wright, junto al propio Syd, por supuesto. Quizá la fecha del bautismo de la banda sea una convención, pero eso carece de importancia, lo significativo es que los cuatro soñaban con convertirse en estrellas del rock y lo lograron, superando, para bien y para mal, sus propias expectativas. ¿Pero quién eran y de dónde venían aquellos veinteañeros llamados a revolucionar la historia de la música rock?

Roger Keith Barrett nació el 6 de enero de 1946 en el seno de una numerosa familia de clase media alta de Cambridge. Él y sus cuatro hermanos gozaban de la acomodada vida que proporcionaba la profesión de su padre, Arthur Max Barrett, un eminente doctor de la Universidad de Cambridge que murió de un cáncer cuando él se disponía a cumplir los 16 años, lo que marcó profundamente su vida y su futura personalidad desequilibrada. Su madre, Winifred, siempre alentó su innato espíritu artístico, aunque él en principio se inclinaba más por las artes plásticas y por la literatura, que por la música. Aun así, Barrett aprendió a tocar el piano y más tarde se pasó progresivamente al ukelele, el banjo y la guitarra acústica. A los 15 años, consiguió su primera guitarra eléctrica, que curiosamente le enseñó a manejar con destreza su amigo David Gilmour, su futuro sustituto en la banda y con quién en sus años universitarios realizaría un viaje por el sur de Europa. También conocía desde niño a Roger Waters, cuya madre fue profesora de

Syd. Por aquellos días la casa de Barrett, con una madre muy permisiva, era el punto de encuentro donde sus amigos del instituto se reunían para charlar, fumar y, sobre todo, escuchar música, lo que le convirtió en una figura popular a pesar de su carácter un tanto introvertido. Comenzó a tocar de forma muy improvisada y se fabricó su propio amplificador. Escuchaba mucha y muy variada música, desde bluesmen como Jimmy Reed a rockeros como Chuck Berry, pasando por Bob Dylan, a quién dedicó su canción «Bob Dylan Blues», después de verle actuar en directo cuando tenía 18 años. Su nombre viene de esta época, cuando comenzaba a frecuentar un local de su barrio, el Riverside Jazz Club, en el que prácticamente vivía un batería que se llamaba Sid Barrett, y la coincidencia del apellido llevó a la parroquia del local a apodar al neófito con la variante 'Syd'. Tuvo su bautismo musical en un grupo de amigos, Geoff Mott and the Mottoes, en el que tocaba la guitarra junto a Nobby Clarken, con Geoff Mott a la voz, Tony Sainty al bajo y Clive Wellham a la batería. A esa formación siguió en 1963 Those Without, con Alan 'Barney' Barnes, guitarrista y Steve Pyle, batería, y en 1964 The Hollering Blues, integrada por Ken Waterson, cantante, de nuevo Barnes y Pyle, que también eran amigos de Gilmour, y Peter Glass. Ambas fueron bandas de corta vida y escasa notoriedad, que practicaban un rhythm & blues de segunda generación con excesivos alardes de improvisación y que de algún modo preconizaban lo que sería su impronta en su banda definitiva.

Richard Wright vino al mundo el 28 de julio de 1943 en Londres. Creció en el Hatch End, un barrio de clase alta de la periferia londinense. Su padre era bioquímico de una de las mayores industrias lácteas del país y se crió en un entorno cultural privilegiado. Durante la recuperación de un accidente en el que se rompió una pierna, aprendió a tocar el piano con 12 años, una edad en la que también dominaba instrumentos tan dispares como la guitarra, el violonchelo o la trompeta. Con el respaldo incondicional de su madre estudió teoría y composición musical, aprendió a tocar el trombón y el saxofón, para acabar decantándose definitivamente por el piano, el instrumento que le llevaría a convertirse en mundialmente famoso como teclista de Pink Floyd. Desde muy joven se aficionó al jazz, admirando e imitando a músicos como John Coltrane y Miles Davis, lo que cimentó sus dotes como excelente improvisador. Andando el tiempo, estos conocimientos musicales, superiores a los de sus compañeros, fueron fundamentales en las grabaciones de los discos de Pink Floyd en las que participó; una banda en cuyo nacimiento participaría en sus años de universidad y con la que obtendría fama y prestigio, pero en la que nunca desempeñaría un papel preponderante.

Syd Barrett en Cambridge, su ciudad natal, en 1961.

Nick Mason nació el 27 de enero de 1944 en Birmingham y se crió en Hampstead, un barrio londinense con una gran población de artistas e intelectuales de todo tipo. Su padre, Bill Mason, era un director de cine documental especializado en historia del automóvil y un fanático de las carreras de coches, en las que participaba en la categoría de aficionados. Transmitió su pasión a su hijo, que siendo un adolescente ya pilotaba un aparente pero destartalado Austin que le proporcionó una interesada popularidad entre sus compañeros de instituto, que le usaban prácticamente como chófer, tal y como él mismo reconoce en sus memorias. En su familia la tradición musical la ponía su abuelo materno, Walter Kershaw, que tocaba con sus hermanos en una banda de banjos. Su madre, Sally, tocaba el piano y encauzó en esa dirección al pequeño Nick, que también recibió clases de violín, aunque al final abandonó ambos instrumentos y la música en general, hasta que a los 12 años descubrió a Bill Haley & The Comets y Elvis Presley. Entonces se compró una batería y montó un grupo de amigos, The Hotrods, que acabó abandonando para tocar en sesiones de jazz, hasta que en septiembre de 1962 llegó a la Regent Street Polytechnic, donde comenzó a estudiar arquitectura sin demasiado entusiasmo y donde conoció a Roger Waters, Bob Klose y Rick Wright, que le incorporaron a sus sucesivos proyectos musicales, a los que aportó buena parte del dinero inicial para ponerlos en marcha, y con los que acabó fundando la banda más famosa del rock psicodélico y progresivo.

Por su parte, Roger Waters nació en Great Bookham, un pueblo de Surrey enclavado en el corazón de una zona rural y boscosa, el 6 de septiembre de 1943. Su padre, Eric Fletcher Waters, y su madre, María Whyte, eran maestros de escuela e influyeron decisivamente en la personalidad del joven Waters, aunque de forma bastante dispar. Eric Fletcher provenía de una familia de extracción proletaria. Nieto de un minero militante destacado del Partido Laborista, era un pacifista que mezclaba su orientación cristiana con su militancia en el Partido Comunista de Gran Bretaña y que se declaró objetor de conciencia en 1939, al principio de la Segunda Guerra Mundial, cuyos primeros años los pasó conduciendo una ambulancia bajo las bombas que los aviones nazis lanzaban sobre Londres. El avance del fascismo en los primeros días de la guerra le impulsó a tomar las armas y alistarse en los Royal Fusiliers, en cuyas filas acabó muriendo en combate durante las primeras semanas de la brutal batalla de Anzio, cuando Roger solo tenía dos meses de edad. Su cuerpo nunca fue encontrado y durante años Eric Fletcher Waters figuró en las listas de desaparecidos en combate, convirtiéndose en una figura mítica para su hijo que se pasó la infancia soñando con recuperar una figura paternal cuya ausencia le influiría de forma traumática toda la vida. Tras la muerte de su padre, su madre se mudó a Cambridge con sus hijos, Roger y su hermano mayor, John. Al contrario que en el caso de los otros componentes de la banda, la madre de Waters no solo no alentó de una forma especial su carrera musical, sino que fue una presencia atormentadora, durante toda su vida, tal y como ha reconocido numerosas veces y como se desprende del retrato que hizo de ella en la película *The Wall*, inspirada en su propia vida. Era una mujer dura, con una vida difícil y poco dada a la ternura y la comunicación.

Siguiendo la tradición familiar, fue un estudiante inquieto y prematuramente ideologizado. A los 15 años, dirigió una campaña para el desarme nuclear y siempre se sintió defraudado por la rigidez del sistema educativo, que en su opinión limitaba la creatividad de los estudiantes. Eso sucedió en la Cambridge High School, donde conoció a Syd Barrett y David Gilmour, sus futuros compañeros de fatigas. En una entrevista concedida a la revista *Musician Magazine* en 1992, reconocía abiertamente su carácter díscolo e incluso violento durante su etapa escolar, aunque también reconocía que el primer apoyo a su vocación musical vino del director de su primer año en la escuela de arquitectura en la Regent Street Polytechnic, que le animó a que llevara la guitarra a clase y practicase en ratos reservados a estudiar otras materias. Allí conoció a Nick Mason y Rick Wright, con los que en el otoño de 1963 monta el embrión de los futuros Pink Floyd, Sigma 6, un grupo integrado por Waters a la guitarra solista, Wright a la rítmica, los teclados, el trombón o cualquier otro instrumento que se le pusiese por delante, Mason a la batería, Clive Metcalfe al bajo y Keith Noble a la voz con su hermana Sheila haciendo los coros. A principios de 1964 la banda pasa a llamarse The Abdabs, con la incorporación de Vernon Thompson como esporádico guitarrista invitado y de Juliette Gale como voz solista. Llegaron a actuar en el club The Marquee, en el Soho londinense, pero su radio de acción eran los pubs, las fiestas particulares y algunos espectáculos que montaban en su escuela, en los que actuaban usando también los nombres de The Architectural Abdabs y The Screaming Abdabs.

El embrión

A mediados del 64, Metcalf, Noble y Gale abandonan el grupo y Waters, Mason y Wright se unen a sus amigos Syd Barrett y Bob Klose para montar una serie de bandas de nombre cambiante y efímera existencia: The Tea Set, Meggadeaths, The Spectrum Five y Leonard's Lodgers, nombre éste último que usaron en la etapa en la que la casa del tutor del Regent Street Polytechnic, Mike Leonard, era la vivienda de Waters y Mason y lugar de ensayo del grupo. Sería precisamente Leonard quien les haría sus primeras y rudimentarias grabaciones y quién ensayaría con ellos los primeros efectos de sonido. Básicamente seguían haciendo rhythm & blues, blues y rock & roll, aunque cada vez con un mayor peso de Barrett y su universo de improvisación y distorsión psicodélica, con influencias de The Beatles y The Yardbirds.

La incorporación de Syd, guitarrista, convirtió a Roger Waters en bajista del grupo, mientras aquel iba cobrando cada vez más protagonismo e imponiendo su criterio musical, alejado sobre todo del de Bob Klose, el otro guitarrista. Klose, un buen músico formado en la tradición del blues y el jazz y poco dado a los delirios psicodélicos, acabó dejando la banda por presión del entorno familiar, justo cuando habían empezado a usar el nuevo nombre que había propuesto Barrett y que les haría universalmente famosos: The Pink Floyd.

Fue Syd Barrett (primero por la derecha) quien propuso el nombre que les haría universalmente famosos: The Pink Floyd.

Waters se hizo amigo de Barrett y Gilmour cuando eran unos adolescentes en el instituto de Cambridge y a Mason y a Wright los conoció en la escuela de arquitectura de Regent Street, Londres, rebautizada más tarde como Universidad de Westminster, donde entre otras cosas compartían una gran pasión por los avances de la tecnología de la imagen y su desarrollo escénico, algo que aplicarían más tarde en sus espectáculos. En ambos casos Waters se convirtió en el aglutinador de un grupo de inquietos estudiantes que soñaban con la fama de las emergentes estrellas del rock. Todos, excepto el más joven, Barrett, fueron niños nacidos durante los años de la Segunda Guerra Mundial y todos, sin excepción, se criaron entre las ruinas dejadas por los bombardeos del ejército nazi sobre Inglaterra. Fueron los años del Plan Marshall de ayudas económicas con el que Estados Unidos quería lograr la recuperación de una Europa devastada por la guerra, y del que Inglaterra era la principal beneficiaria, con 3.297 millones de dólares entre 1948 y 1951. Y con los dólares, la leche en polvo, las medias de seda o el acero yanqui, también llegaron los discos de blues y rhythm & blues que traían los soldados norteamericanos y con los que echaron musicalmente los dientes unos jóvenes llamados Mick Jagger, John Lennon, Eric Clapton o John Mayall.

A mediados de los 60 había surgido en Londres, especialmente en torno al barrio del Soho, un movimiento denominado Swinging London, término acuñado por la revista *Time* en su edición de abril de 1966, que creó una nueva moda y un nuevo movimiento cultural, en torno al cual se movían los nuevos grupos de rock británicos, apoyados por radios piratas como Radio Caroline o Swinging Radio England, creadores del pop-art como Richard Hamilton, galeristas como John Dunbar, modelos como Twiggy, fotógrafos como Richard Avedon y directores de cine como John Schlesinger y Michelangelo Antonioni. La guinda de ese movimiento de modernidad y contracultura fue la aparición del movimiento psicodélico, muy vinculado al uso de drogas alucinógenas, fundamentalmente LSD, en el que se encuadraron desde el primer momento los recién nacidos Pink Floyd.

Nacer en el mismo entorno pero detrás de bandas como Rolling Stones, Beatles, Yardbirds, Who, Animals o Kinks, es nacer con una fuerte influencia de blues y rhythm & blues y del rock & roll que estaba atravesando el Atlántico para invadir su tierra de origen, los Estados Unidos, en la llamada British Invasion. Los miembros de Pink Floyd crecieron y dieron los primeros pasos escuchando a esas bandas, con las que en muy poco tiempo acabaron codeándose de tú a tú para entrar con letras mayúsculas en la leyenda del rock & roll.

El propio nombre, Pink Floyd, lleva el aroma de la leyenda. Fue Barrett, el más aficionado al blues clásico de toda la banda, quien un día cualquiera, mientras escuchaba un disco de la leyenda del Piedmont Blues, Blind Boy Fuller, leyó en los créditos la reseña realizada por el experto británico en música afroamericana, Paul Oliver, sobre la figura de dos músicos desconocidos, Pink Anderson y Floyd Council, sobre los que venía a decir que eran dos más entre los muchos bluesmen que durante los años 30 y 40 del siglo XX, proliferaron por las montañas de los Apalaches y los valles de Virginia, las dos Carolinas y Georgia, al este de los Estados Unidos. Unió los dos nombres y le salió el nombre que propuso a la banda, The Pink Floyd Sound, que pronto se quedaría en The Pink Floyd y que se acortaría definitivamente a Pink Floyd al publicar su primer disco en 1967. Y así, una anécdota se convirtió en historia del rock. En palabras del propio Nick Mason: «Resulta extraordinario cómo una reacción espontánea puede llegar a ser algo permanente con lo que nos sentimos cómodos, con implicaciones perdurables a largo plazo». ¿Pero quiénes eran realmente aquellos dos viejos y desconocidos músicos que pusieron nombre a una de las bandas más grandes de la historia del rock?

Las dos mitades

La primera mitad del nombre, Pink Anderson, vino al mundo como Pinkney Anderson el 12 de febrero de 1900 en Laurens, Carolina del Sur, pero se crió en Greenville, que por entonces estaba considerada la ciudad más importante de la industria del algodón y a la que se había trasladado su familia en busca de trabajo. Durante la Primera Guerra Mundial la ciudad acogió un centro de entrenamiento para soldados del ejército y comenzaron a proliferar los clubs y locales de diversión. También recalaban con frecuencia en la ciudad los espectáculos itinerantes de todo tipo, incluidos los *medecine shows*, esos espectáculos de vodevil en los que con un carromato o un toldo se improvisaba un escenario en el que, mientras uno o más cómicos cantaban y bailaban, un charlatán que se hacía pasar por un ilustrado doctor o científico intentaba vender remedios y elixires para todo tipo de males y dolencias. Uno de estos espectáculos era el del Doctor William R. Kerr y su Indian Remedy Company, a la que se unió el joven Anderson cuando tenía solo catorce años. Se convirtió en un profesional de este tipo de espectáculos en los que el blues primitivo fue evolucionando durante las primeras décadas del siglo XX. Estuvo con Kerr hasta que el 'Doctor' se retiró en 1945, pero mientras no estaba de viaje tocaba con músicos de su zona, como 'Simmie' Dooley, un guitarrista ciego que le enseñó el manejo del instrumento y con quien grabó cuatro temas para el sello Columbia en 1928: «Papa's 'Bout To Get Mad», «Gonna Tip Out Tonigh», «Every Day In The Week Blues» y «C.C. & O. Blues». Parece ser que su relación con Doodley no fue precisamente fácil debido al mal carácter y la inclinación a la violencia que éste tenía. Tras la desaparición del Doctor Kerr, Anderson se enroló en otro *medecine show*, el de Leo 'Chief Thundercloud' Kahdot, donde conoció al armonicista Arthur 'Peg Leg Sam' Jackson.

No volvió a pasar por un estudio de grabación hasta 1950, en Virginia, gracias al experto en música tradicional Paul Clayton, en una sesión que el sello Riverside acabaría plasmando en un álbum compartido con el Reverendo Gary Davis. En julio de 1954 nació su hijo, conocido como Little Pink Anderson, al que transmitió todo sus conocimientos musicales y que tras una azarosa vida se estableció como músico de blues en Georgia. Hasta 1957 siguió actuando regularmente, tanto en solitario como formando parte del tradicional trío de música callejera integrado por guitarra acústica, tabla de lavar y armónica o kazoo. Pero ese año el corazón le dio el primer susto y tuvo que retirarse de las giras y se quedó en los alrededores de Spartanburg,

El guitarrista norteamericano Pink Anderson, la primera mitad del nombre de la banda.

Greenville y Anderson, actuando en clubs locales como uno de los genuinos intérpretes del Piedmont Blues.

A principios de los 60, en plena oleada de recuperación del blues por parte de un nuevo público blanco, fue redescubierto por el productor e investigador musical Samuel Charters, gracias al que grabó una serie de temas que han quedado como un referente del tradicional estilo Piedmont Blues. A esa época pertenecen los álbumes *Pink Anderson: Vol.1 Carolina Bluesman*, *Pink Anderson: Vol.2 Medicine Show Man*, *Pink Anderson: Carolina Medicine Show Hokum & Blues* y *The Blues Of Pink Anderson: Ballad & Folksinger, Vol.3*. También tuvo una pequeña aparición en la película *The Bluesmen*, estrenada en 1963, en pleno blues revival, pero un derrame cerebral sufrido en 1964 lo apartó definitivamente de los escenarios.

En 1970 el historiador musical Peter B. Lowry intentó sin éxito que regresase a un estudio de grabación de su sello Trix Records, dedicado especialmente a recuperar viejas figuras del Piedmont Blues, pero uno de sus ayudantes, Roy Book Binder, le consiguió algunos conciertos en Boston y Nueva York, tras los que regresó a su casa en Spartanburg, Carolina del Sur. Allí falleció, olvidado por todos y prácticamente en la miseria, el 12 de octubre de 1974, justo cuando Pink Floyd acababan de regresar de una exitosa gira por Francia, el French Summer Tour, y preparaban el British Winter Tour '74, durante el que celebrarían 20 conciertos.

La otra pata del nombre, Floyd Council, nació el 2 de septiembre de 1911 en Chapel Hill, una pequeña ciudad de menos de diez mil habitantes de Carolina del Norte, fundada en torno a la universidad del estado y a la que cabe el honor de ser la primera ciudad de mayoría blanca que eligió a un alcalde afroamericano, el 6 de mayo de 1968, el mismo día en el que Pink Floyd actuaba en Roma, en la cima de su fama y con Floyd Council muerto en el olvido. Había comenzado tocando en la calle, como hacían muchos chavales de entonces, para ganarse la vida junto a dos amigos, los hermanos Leo y Thomas Strowd. Con ellos aprendió el manejo de la guitarra y la mandolina y desarrolló un personal estilo de cantar en el que proyectaba su voz aguda con extraordinaria fuerza, lo que era fundamental para un cantante callejero. Eran casi unos adolescentes y se hacían llamar The Chapel Hillbillies.

En los años treinta se convirtió en una figura popular en la región al sureste de los EE.UU, donde también era conocido como Floyd 'Dipper Boy' y The Devil's Daddy-in-Law, coincidiendo habitualmente con el gran maestro del blues de Piedmont, Blind Boy Fuller. Este estilo de blues se había desarrollado en el área geográfica que abarcaba los estados de las dos Virginias,

Floyd Council, nacido en Carolina del Norte, la segunda parte del nombre.

las dos Carolinas y Georgia, con extensiones en Delaware e incluso Florida, una zona de influencia similar a la de la música *hillbilly*. Se caracterizaba por una técnica de tocar la guitarra conocida como *fingerpicking* y que imitaba al piano *ragtime*, al tocar al mismo tiempo el ritmo y la melodía. Aunque nació en zonas rurales aisladas, este subgénero del blues fue muy popular durante los años 30 especialmente en las grandes ciudades industriales tabaqueras de Virginia.

En 1937 los ojeadores del sello ACR Records descubrieron a Floyd en alguna de sus actuaciones callejeras y se lo llevaron a Nueva York para grabarlo como segundo guitarra de su viejo compañero Blind Boy Fuller, que por aquel entonces ya gozaba de cierta celebridad. De estas grabaciones queda testimonio en discos de Columbia y Vocalion y en el recopilatorio *The Complete Blind Boy Fuller*, en los que se recogen canciones como «Poor And Ain't Got A Dime», «Boots And Shoes», «New Oh Red!», «Ten O'Clock Peeper» o «Shake That Shimmy», en las que la guitarra de Floyd suena acompañando a Fuller, cosa que hizo al menos en siete sesiones de grabación, según sus propias declaraciones.

Cansado de perseguir en la gran ciudad el éxito esquivo, regresó a su localidad natal donde siguió actuando en clubs locales, programas de radio, concursos y fiestas campestres, durante más de veinte años. A pesar de que no quedan discos grabados por él en solitario o como figura principal, sí nos dejó unos cuantos temas –veinte, según llegó a afirmar el propio Floyd en una entrevista a finales de los 60– como «Lookin' For My Baby», «I Don't Want No Hungry Woman», «I'm Broke and I Ain't Got a Dime», «Runaway Man Blues», «I'm Grievin and I'm Worryin» o «Working Man Blues», que están recogidos en distintas recopilaciones de la discográfica histórica Document Records y que figuraban entre los viejos temas de blues que escuchaba el joven Syd Barrett. A finales de 1960 Council sufrió un derrame cerebral del que nunca acabó de recuperarse. Quedó incapacitado para tocar y cantar y fue languideciendo en su casa de Sanford, a menos de 60 kilómetros de donde había nacido. Fa-

Floyd Council participó en las grabaciones del músico Blind Boy Fuller.

lleció un domingo de principios de mayo de 1976, recordado tan solo por sus vecinos y algunos musicólogos blancos interesados en rastrear las raíces del blues, la vieja música que había originado el rock & roll.

En cualquier caso, es más que probable que de no haber figurado en los orígenes de una de las bandas más famosas de la historia del rock, ninguno de los dos habría merecido ni una línea en los libros de música y ambos habrían desaparecido en el olvido, igual que muchos bluesman y blueswoman de la primera mitad del siglo XX, que contribuyeron desde el anonimato a expandir el blues, la música que está en el germen de todos los géneros populares del siglo, desde el rhythm & blues al hip-hop, pasando por el rock & roll, el soul, el funk, el pop o el moderno R&B.

2. LA HISTORIA DE LA BANDA

El gaitero que trepó a un muro desde el lado oscuro

Una nueva estrella en el firmamento underground

(1965-1966)

En 1965, mientras comienzan a llegar a Vietnam las primeras unidades de intervención del ejército norteamericano, el movimiento hippie, con su pacifismo, su reivindicación de una vuelta a la naturaleza, el amor libre y el uso de las drogas, comienza a extenderse por el llamado mundo occidental. En Nueva York, San Francisco y Londres nace un movimiento contracultural que empieza a ser imitado de inmediato, en mayor o menor medida, en todas las grandes ciudades europeas. El mundo del rock no es en absoluto ajeno a esa agitación y sufre una transformación radical. La música creada por Elvis, Little Richard, Chuk Berry o Jerry Lee Lewis, que revolucionó la cultura juvenil solo diez años antes, se ha convertido en una antigualla para una nueva generación de jóvenes inconformistas de pelo largo y faldas cortas. En Estados Unidos Bob Dylan escandaliza a los puristas del folk con su actuación eléctrica en el Festival de Newport y en Inglaterra los jóvenes hacen cola para ver *Help*, la película de The Beatles, o bailan en los clubs al ritmo de «(I Can't Get No) Satisfaction», el último éxito de The Rolling Stones. En las calles de Londres está naciendo un nuevo movimiento juvenil, emparentado con el movimiento underground de California, el Swinging London, un estilo que pronto tendrá imitadores en todo el mundo, con Mary Quant y su famosa minifalda como abanderadas.

Pink Floyd al completo divirtiéndose en Stanhope Gardens, Londres, en 1965.

En junio de ese año, la banda norteamericana The Charlatans realiza la primera actuación de un grupo de rock bajo los efectos del LSD y la industria musical impone el disco de larga duración, el LP, frente al single como fórmula para comercializar la música pop, dos hechos que, aunque aparentemente desconectados, marcarán dos características fundamentales de Pink Floyd: la influencia de las drogas en su consolidación como reyes de la psicodelia y su fecundidad a la hora de producir largos discos conceptuales. Pero en aquellos días los Floyd son otra banda titubeante de las muchas que tratan de abrirse camino en el bullicioso Londres de los 60.

A mediados de 1965, Bob Klose, el único que tenía una tendencia musical clásica tras la marcha del cantante Chris Dennis a principios de año, abandona también a los recién nacidos The Pink Floyd y Barrett comienza a levantar el vuelo. Se convierte en guitarrista de la banda y además canta y compone canciones. A principios del verano inicia una relación con una joven llamada Lindsay Corner y consume LSD por primera vez con su amigo Dave Gale. Syd se introduce en el ambiente del underground y comienza a perfilarse como el inquieto líder de una banda que queda definitivamente conformada por Roger Waters al bajo y voz, Nick Mason en la batería, Rick Wright en los teclados y Syd Barrett a la guitarra y voz, y que actúa de forma esporádica en concursos como los del Melody Maker National Beat o el Beat Contest del Country Club de Belsize Park, o en fiestas en centros educativos e incluso celebraciones privadas, como la fiesta de cumpleaños de Libby January, la novia de su amigo y compañero de los días de instituto, Storm Thorgerson, el diseñador que se encargaría de crear las portadas más geniales de sus futuros discos. En muchas de estas fiestas actuaban precedidos o secundados por la banda de su amigo David Gilmour, los Jokers Wild, integrada por David Altham, que tocaba la guitarra, el saxofón y los teclados, John Gordon a la guitarra y a la voz, Tony Sainty al bajo y Clive Welham a la batería. Los dos últimos habían tocado anteriormente con Barrett, lo que nos da idea de lo endogámico del ambiente en el que se movía el grupo en sus comienzos.

Por esos días realizan sus primeras grabaciones gracias a que un amigo de Rick Wright les dejó usar durante unas horas libres el estudio de Thompson Private Recording Studios, que en realidad era un sótano de una casa en Hemel Hampstea. De esa apresurada y precaria sesión saldrían cuatro temas, «I'm A King Bee», un *swamp blues* de 1957 de Slim Harpo, y otras canciones compuestas por Barrett: «Double O Bo'», «Butterfly» y «Lucy Leave», su tema estrella en aquellos primeros tiempos. Esas grabaciones serán las tarjetas de visita que les abrirán las puertas de sus primeras actuaciones profesionales, en las que siguen practicando una música con raíces en el blues y el rhythm & blues pero adaptándola a su distorsionado y personal estilo, cada vez con más peso de los temas de su incipiente líder.

De la mano de su novia Lindsay, Syd se convierte en un embrión de artista a la última moda de Carnaby Street, con sus pantalones anchos, sus camisas de seda multicolores, sus chaquetas de terciopelo, sus pañuelos al cuello y los sombreros exagerados. El resto de la banda le siguen los pasos y emprenden el camino estético e ideológico del underground londinense. Syd incluso se adentra en el espiritualismo oriental tan de moda por aquellos días, e intenta hacerse adepto del Maharaji Charan Singh Ji, un grupo religioso de origen hindú, pero es rechazado, cosa que no asimiló demasiado bien el pasional artista. A pesar de su apocada imagen inicial, Barrett va reuniendo a su alrededor un grupo de jóvenes talentos de Cambridge, que incluía a David Gilmour, al fotógrafo Mick Rock, que acabaría retratando a las estrellas de los 70 y los 80, al diseñador Thorgerson, Joel y Toni Brown, los hippies norteamericanos que idearon las proyecciones de imágenes durante sus actuaciones, Peter Wynne Willson, el creador de los mejores espectáculos de luces de los Floyd, los propios miembros de la banda, sus novias y todo aquel que tuviese ácidos para compartir. Al igual que había hecho con el sótano de su madre, su casa se convierte en el centro de las juergas del grupo. Su popularidad va en aumento y su afición a las drogas también.

En la primavera del 65 tocan en el Countdown Club, con el nombre de Pink Floyd Sound, con un repertorio que todavía incluía algunos temas de Bo Diddley o Chuck Berry. Según la descripción que hace Nick Mason en su libro *Dentro de Pink Floyd*, era un sótano situado debajo de un edifico de apartamentos, sin ninguna condición especial pero con el ambiente adecuado: «El Countdown no tenía ninguna decoración temática o ambiente en concreto. Era un lugar pensado para la música, con una clientela relativamente joven, y las bebidas eran bastante baratas. Creo que la idea era que, dada la falta de publicidad, los propietarios esperaban que grupos como el nuestro se trajeran un montón de amigos para apoyarlos, y que ellos aplacarían su sed en el bar del club». El método, que ha seguido funcionando hasta hoy, parece que funcionó y el grupo consiguió convertirse en fijo del local. Hacían tres pases de noventa minutos cada uno y su repertorio era escaso, así que fueron introduciendo cada vez más solos e improvisaciones más largas. Y esa personalidad fue creando a su alrededor un grupo de público incondicional. Pero las denuncias de los vecinos a causa del ruido acabaron con este estreno profesional del grupo, que se dedicó durante una temporada a presentarse a todo cuanto concurso se ponía por delante, como el *Ready Steady Go!*, un programa musical de la cadena de televisión ITV, en el que los rechazaron por su excesiva extravagancia musical.

En 1965 también abre sus puertas la Librería Indica, que en pocos meses se convertirá además en la galería de arte más famosa del Londres contracultural de la mano de sus tres creadores, John Dunbar, Peter Asher y Barry Miles, con el apoyo incondicional del beatle Paul McCartney. La librería se convirtió en el centro de reunión de los artistas e intelectuales más vanguardistas de Gran Bretaña –Yoko Ono y John Lennon se conocieron allí–, un ambiente en el que los cuatro jóvenes reunidos en torno al nombre de Pink Floyd iban a irrumpir con fuerza extraordinaria después de un primer año de penar de local en local buscando una verdadera oportunidad de demostrar su innovadora apuesta musical.

Incubando el virus contracultural

El año 1966 comienza con mejor pie para la banda. El 30 de enero actúan por primera vez en el Marquee Club dentro del Giant Mystery Happening y su intervención no pasa desapercibida. El 13 de marzo regresan al Marquee para actuar por primera vez en los Spontaneous Underground, unas representa-

Póster de un concierto de Pink Floyd en el Marquee Club, en marzo de 1966.

ciones improvisadas que mezclaban todo tipo de experiencias escénicas y que se celebraban en el club, recién trasladado por entonces al barrio del Soho y que se convertiría en las próximas tres décadas en el corazón de la música británica y el testigo de los cambios que se producirían en ella hasta finales de los años 80: de The Who a Sex Pistols, pasando por Yes, Cream, The Police o The Clash. Las primeras actuaciones de los Floyd causan sensación por su música innovadora y difícil de catalogar y por sus osadas puestas en escena. A partir de ese momento comienzan a tocar con regularidad en el local, convirtiéndose en una especia de banda residente. Cada vez añaden a sus temas más y más largas partes instrumentales en las que vuelcan toda su creatividad, probando siempre nuevos sonidos y apoyándose siempre en las posibilidades que ofrecían los nuevos sistemas de amplificación, que en esos momentos vivían una época de avances revolucionarios gracias al empleo de los transistores, que comenzó a generalizarse a partir de ese año y que auguraba el advenimiento de los grandes espectáculos sonoros de los años 70 y 80, algo en lo que los Pink Floyd serían consumados maestros.

En esos conciertos del Marquee fue donde conocieron a Peter Jenner y Andrew King, dos jóvenes profesionales que a pesar de su nula experiencia en el negocio musical, se convertirían en los primeros mánagers de la banda y regirían sus destinos musicales hasta poco después de que Barrett la abandonase. Peter Jenner era un profesor de la London School of Economics, buen conocedor de la escena underground, tanto inglesa como norteamericana y que había escuchado al grupo en algunas de sus actuaciones en el Marquee. Su amigo Andrew King era un ex trabajador de British Airways, que se hallaba en excedencia y cuya aportación económica no solo fue fundamental para poner en marcha la productora, sino que también permitió adquirir parte de la equipación de la banda cuando daba sus primeros pasos en serio. Por entonces Jenner y Syd compartían casa y llevaban una modesta pero relajada vida de artistas. Según sus compañeros de entonces, Syd se pasaba la mayor parte del día componiendo, tocando la guitarra y fumando marihuana. Se había convertido en el epicentro creativo de la banda, tal y como señala su amiga June Child, futura esposa de Marc Bolan, en unas declaraciones recogidas por Nicholas Schaffner en su libro *Saucerful of Secrets: The Pink Floyd Odyssey*: «En aquellos días él era el verdadero creador del grupo. Cuando se sentaba a escribir una canción, pensaba en lo que debería tocar el batería, en cómo debería ser la línea de bajo. Tocaba muy bien la guitarra rítmica y la primera, y sabía lo que quería oír».

En el otoño las cosas comienzan a precipitarse. El 14 de octubre actúan en el salón de reuniones de la All Saints Church Hall (La Iglesia de Todos los Santos) en Powis Gardens, Londres, el primero de varios conciertos para recaudar fondos para la London Free School, un proyecto de educación alternativa para adultos creado por Rhaune Laslett, activista social y organizadora del famoso y alternativo Carnaval de Notting Hill, y por John 'Hoppy' Hopkins, uno de los personajes más inquietos del Swinging London y fundador del Club UFO y la revista underground *International Times*, dos nombres fundamentales en el desarrollo inicial de la carrera de los Floyd. En aquella ocasión ya no tocaron ni un solo rhythm & blues, sino temas propios, en su mayoría escritos por Barrett como las versiones iniciales de «Interstellar Overdrive», «Stoned Alone», «Astronomy Domine», «Matilda Mother», «The Gnome» y su talismán, «Lucy Leave». Aquella fue la primera vez que Joel y Toni Brown, dos norteamericanos que habían conocido en los Spontaneous Underground del Marquee, proyectaron imágenes de diapositivas mientras la banda actuaba, lo que causó un efecto impresionante entre el público. De hecho, los miembros del grupo ya habían probado la idea de proyectar luces en los grupos que montaron en 1964, cuando Mike Leonard, profesor del Hornsey Art College y casero de Mason, Waters y Wright, creó para ellos un equipo experimental de proyección. Dos años más tarde, la combinación entre su música y su puesta en escena comienzan a abrirles de par en par las puertas del movimiento underground. Joel y Toni eran dos discípulos de Timothy Leary, uno de los gurús del movimiento psicodélico californiano, que acabaron regresando a casa pero dejaron el concepto del concierto planteado como un *happening*, con un rudimentario *lightshow* montado con un equipo casero de proyección de luces e imágenes del que se hicieron cargo Peter Jenner, Andrew King y la esposa de este último, Sumi, que construyeron un panel de luces con unas tablas, unos focos domésticos y unos trozos de plexiglás de colores. No era nada del otro mundo, pero eran los únicos que hacían algo similar.

El bautismo psicodélico

Al día siguiente de la fiesta del London Free School, el 15 de octubre, irrumpen con fuerza avasalladora ante la élite contracultural, cuando son invitados a tocar en el Roundhouse, un viejo depósito ferroviario en el que se celebra la fiesta de presentación del primer periódico contracultural británico, el *International Times*, que era una publicación vinculada precisamente a la Free School. Al acto, anunciado como All Night Rave, asisten 2.000 personas, el público más numeroso que habían reunido hasta ese momento. En la fiesta actuaron también las otras grandes promesas del momento, Soft Machine, el grupo de pop-rock y psicodelia formado hacía solo unos meses por Mike Ratledge, Kevin Ayers, Robert Wyatt y Daevid Allen, y que no habían grabado ningún disco todavía. La fiesta incluía la obra de numerosos artistas plásticos que interactuaban con el público, en su mayoría tan colocado como requería la ocasión, mientras actuaban los músicos. Los Floyd llamaron poderosamente la atención desde el principio, no solo por su montaje de luces, que en esta ocasión corrió a cargo de Pip Carter, un amigo de su barrio, sino porque nada más entrar aplastaron con su furgoneta una obra de arte montada con gelatinas. Entre el público se encontraba lo más selecto del underground londinense, incluyendo al director italiano Michelangelo Antonioni –que por aquellos días rodaba en la capital británica su película *Blow-Up* y que en 1970 usaría música de los Floyd en su film *Zabrisky Point*–, la actriz Mónica Viti, Paul McCartney y su novia, la actriz Jane Asher, la cantante Marianne Faithful, por entonces novia de Mick Jagger y una omnipresente Yoko Ono que parece que en aquel tiempo no se perdía ni una fiesta. A pesar del caos reinante, con los lavabos atascados, los accesos colapsados y todo el mundo disfrazado e intercambiando drogas, la fiesta fue un absoluto éxito y los Pink Floyd interpretaron unas contundentes versiones de «Astronomy Domine», «Stoned Alone» e «Interstellar Overdrive», que fue interrumpida por un corte en el suministro eléctrico.

La prensa tomó buena nota de su impactante actuación, aunque no entendió mucho en qué había consistido el espectáculo ni se fijó mucho en la música de la banda. *Melody Maker* y *Sunday Times* destacaron sobre todo su sorprendente escenificación y ni siquiera la propia publicación organizado-

Pink Floyd en 1965.

ra, el *International Times*, o *IT*, como era conocida, lo tuvo fácil a la hora de calificar lo que habían hecho y lo definió como «cosas raras en el ambiente de aquella noche, con sus pavorosos sonidos distorsionados y las diapositivas proyectadas sobre la piel de los músicos». O para resumirlo en palabras de Roger Waters recogidas en un artículo del *Sunday Times*: «Nuestra música puede producirte gritos de horror o gritos de éxtasis. En la mayoría de los casos, es lo segundo». En las semanas siguientes regresarían durante tres días al auditorio de la All Saints Church Hall y cerrarían el mes de octubre con una nueva actuación en el Roundhouse ante un público ávido del torrente de emociones que proporcionaban los conciertos de los Floyd, cuya popularidad subía como la espuma

Las actuaciones se suceden y las necesidades de organizar la faceta profesional de la banda desembocan a finales de octubre en la creación de Blackhill Enterprises, una empresa de producción y representación integrada por los cuatro miembros de la banda más Jenner y King, que por entonces ejercían de mánagers, técnicos y *roadies* del grupo. Los nuevos representantes y los músicos llegan a un acuerdo inusitado en el negocio musical: se reparten las participaciones de forma proporcional entre todos. Era la primera piedra del imperio Pink Floyd y como era de esperar, eran unos cimientos muy alternativos y muy hippies. La empresa fue absorbiendo a los amigos del entorno de Jenner a medida que los fue necesitando: su compañera de piso, June Child, se convirtió en secretaria y chofer, John Marsh, otro vecino de la casa, en asistente de iluminación y Peter Waynne Wilson, un iluminador teatral profesional, en su técnico de luces y road manager, siempre asistido por su novia Susie Gawler-Wright, que era muy popular en la escena londinense como 'la debutante psicodélica'.

En el mes de noviembre siguen actuando a un ritmo frenético con seis representaciones en All Saints Church Hall y eventos aislados de fantasiosos nombres, como el Philadelic Music for Simian Hominid, celebrado el día 18 en el Hornsey College of Art de Londres, en el que contrataron a un chaval de 17 años llamado Joe Gannon para que se hiciese cargo del rudimentario equipo de luces. Desde aquel día Gannon se convirtió en el responsable de sus *lightshows* y fue aumentado el equipo con ayuda de Wynne Wilson, amigo y compañero de piso de Barrett, que trabajaba en el teatro West End y consiguió unos equipos de iluminación en desuso, que unidos a unos reflectores de Gannon y un teclado adaptado para manejar todos aquellos focos, se convirtió en un estrafalario pero eficaz equipo con el que además de luces proyectaban imágenes y diapositivas coloreadas con tinta seca. La primera intervención de Gannon se produjo justo al día siguiente en un concierto en el Technical College, de Canterbury, la primera actuación de los Floyd fuera de Londres. Es tal la importancia del trabajo de Gannon que la reseña del diario local *Kent Herald*, señala que el grupo estaba formado por cinco personas, incluyendo al iluminador como quinto miembro.

La banda cierra el año dando un nuevo salto hacia adelante en su consolidación como grupo de referencia en la escena londinense. Durante las primeras semanas siguen actuando cada vez con más público en el Roundhouse, el Marquee y en un concierto benéfico en el Royal Albert Hall, ante un público de 5.000 personas y compartiendo cartel con artistas importantes del momento como Alan Price Set (los futuros Animals), el cantante de soul y rhythm & blues británico Chris Farlowe y los actores y humoristas Dudley Moore y Peter Cook. Por fin, el 23 de diciembre tocan en la inauguración del UFO Club, que a partir de ese momento se convertirá en el centro habitual de sus conciertos y en el trampolín que les colocará en la primera división del rock británico.

El UFO, cuyo nombre respondía a las iniciales de Undeground Freak Out (Alucinación underground), era la guarida que dos emprendedores personajes de la prensa musical, el productor norteamericano Joe Boyd y el periodista y activista inglés John 'Hoppy' Hopkins, habían montado para solaz de la tribu contracultural, o como lo definió Paul McCartney, «el patio de aventuras alucinógenas». Aquel sótano alargado y oscuro era el nido perfecto para que los locos más locos de la psicodelia británica madurasen antes de echar a volar definitivamente. Ofrecía conciertos todos los viernes por la noche a partir de las diez y hasta las ocho de la mañana. Por curioso que pueda parecer, este horario fue propiciado por la proximidad de dos cines cuya programación acababa a las diez, hora a la que empezaban los conciertos para que el ruido no llegase a las salas de cine. Muy cerca también había una comisaria, como acabarán comprobando los dueños y clientes del club antes de lo que desearían.

En el UFO había también un equipo de luces que manejaba Boyd, un experto en estas lides, y que contribuyó al mayor lucimiento de Syd y los suyos, que se convirtieron casi inmediatamente en el grupo de cabecera de la parroquia psicodélica, un público que compartían con bandas como Soft Machine, Tomorrow, The Pretty Things o The Move, grupos de teatro, artistas plásticos y poetas de toda índole. Volverán a actuar en el club los siguientes 24 y 30 de diciembre. La Nochevieja de 1966 la celebran tocando en la fiesta de fin de año del Cambridge Technical College junto a The Who y The Move, dos de las bandas más punteras de la escena londinense del momento. El futuro sonreía a los chicos de Cambridge.

La vertiginosa ascensión y caída de Syd Barrett

(1967-1968)

El 4 de enero de 1967 el grupo californiano The Doors lanza su primer disco, con el mismo título, e inmediatamente se convierten en la gran promesa del rock. Dos de las canciones del álbum, «Break on Through (To the Other Side)» y «The End», son censuradas en radios y televisiones por sus referencias a las drogas y al sexo, precisamente dos de los puntales del movimiento hippie que ese año eclosionará en todo su esplendor. Diez días después del lanzamiento del disco, 30.000 personas acuden al Golden Gate Park de San Francisco, donde se celebra el Human Be-In, la primera gran concentración hippie que preludia el verano del amor que llevará cien mil personas al distrito de Haight-Ashbury de la ciudad californiana. Este auge de un movimiento juvenil e inconformista tiene su reflejo en las calles de Londres, donde a principios de año se estrena *Blow-Up*, una película de culto del cine contracultural que desafió los códigos morales de la época dirigida por Michelangelo Antonioni, basada en un relato de Julio Cortázar y en la vida del fotógrafo David Bailey (David Hemmings) e interpretada por Vanessa Redgrave, Jane Birkin, Sarah Miles, Gillian Hills y Veruschka, las musas cinematográficas del Swinging London, el underground londinense que sirve de telón de fondo a la película.

1967 también es el año del despegue definitivo de Pink Floyd y sobre todo el de Syd Barrett, que asciende como un meteoro en la galaxia del rock británico, al tiempo que inicia su veloz deterioro, provocado por su trastorno mental y su progresiva afición a las drogas. El año comienza plagado de buenos augurios para la banda, que no para de actuar. En el mes de enero celebran 13 conciertos, el primero en el Marquee, el primer día del año, y el último el día 28 en la University de Essex. Por en medio comparten cartel con Eric Clapton y The Who

Cartel de *Blow-Up*, película de culto de la contracultura en 1967.

El UFO Club fue el cuartel general de la banda.

en el Freak Out Ethe Festival, un *happening* celebrado en el Seymour Hall, en Paddington, Londres. A medida que van surgiendo actuaciones se plantea más claramente la necesidad de tomar una decisión respecto a su dedicación a la música. Ya no se trata solo de divertirse, sino de comenzar a plantearse un futuro profesional, a vivir del rock & roll, o al menos a intentarlo en firme, así que Syd, Roger, Nick y Wright deciden dejar sus estudios. Nunca sabremos lo que se perdió la arquitectura, pero sí sabemos lo que ganó la música.

Su objetivo primordial, como el de toda banda primeriza, es grabar un disco y lo intentan por todos los medios a su alcance. A principios de enero realizan una serie de grabaciones en los estudios Sound Techniques, de Chelsea; unas sesiones que son filmadas por Peter Whitehead para su film documental *Tonight Let's All Make Love in London*, dejando constancia de dos temas: «Interstellar Overdrive» y «Nick's Boogie». El documental fue rodado fundamentalmente durante una fiesta celebrada en el Club UFO el 20 de enero a la que asistió lo más selecto de la modernidad londinense, desde Lee Marvin a John Lennon, pasando por la inevitable Yoko Ono y otros personajes de la cultura en sus diversas variantes como Mick Jagger, Vanessa Redgrave, Eric Burdon, Julie Christie, Allen Ginsberg o Michael Caine.

El UFO sigue siendo su cuartel general. El local se ha consagrado como centro de referencia de todo el que quiera estar a la última. Se proyectaban películas de Buñuel o cortometrajes del director norteamericano de cine independiente Kenneth Anger, se realizaban performances de artistas como Mark Boyle o Joan Hills, unos de los creadores de los *liquid lightshows*, se declamaba poesía o se consumía comida macrobiótica y, sobre todo, LSD. Los Rolling Stones, Rod Stewart o Pete Towsend eran clientes habituales, al igual que todos los periodistas musicales, fotógrafos, pintores o diseñadores del Londres underground. La propia imagen del club marcaba estética. Sus carteles eran pura psicodelia y sus creadores, el colectivo Hapshash & The Colored Coat, integrado por Michael English y Nigel Waymouth, que también trabajaban para *IT*, realizaron memorables posters para las bandas más punteras del final de la década como Jimi Hendrix Experience, Soft Machine, Cream, Traffic o los propios Pink Floyd; carteles que forman parte de la más genuina iconografía psicodélica. Incluso grabaron un álbum junto con el disc jockey Guy Stevens, *Featuring the Human Host and the Heavy Metal Kids*, que es un auténtico retrato sónico del espíritu de finales de los 60, una de las obras de cabecera del rock experimental, una extravagancia psicodélica grabada bajo los efectos del LSD y una rareza discográfica. En 1969 cerraron su incursión discográfica con el álbum *Western Flier*, en una línea más próxima al folk, pero convenientemente cargado de distorsiones.

El éxito del travesti fetichista

La música de Pink Floyd comienza a llamar poderosamente la atención y se suceden los intentos de conseguir una compañía que respalde su primer disco. Joe Boyd, el inquieto americano fundador del Club UFO intenta, sin éxito, convencer a Electra Records, la compañía que representa, pero su interés lleva a un ejecutivo de EMI, Beecher Stevens, a interesarse por los Floyd, lo que a su vez estimula la curiosidad de Polydor Records, que les ofrece un adelanto de 1.500 libras (unos 1.800 euros) para grabar un disco gracias una vez más a la mediación de Boyd, que inmediatamente monta Witchseason Productions para encargarse del asunto. Pero en ese momento aparece en escena un sabueso de las oportunidades llamado Bryan Morrison, que convenció a los cuatro ilusionados músicos y a sus dos inexpertos managers, Peter Jenner y Andrew King, de que firmasen con su agencia lo que les abriría las puertas de EMI. Pero antes tenían que grabar una maqueta que sirviese para lanzar un primer single, cosa que consiguió Boyd en los Sound Techniques Studios de Chelsea, donde el 26 y el 27 de febrero graban su primer single, que lleva en la cara A «Arnold Layne» y en la B «Les't Roll Another One», y que después del visto bueno de EMI, sale al mercado el 11 de marzo. La cara amarga del contrato con EMI, que les había dado un adelanto de 5.000 libras, fue la exigencia de la discográfica de que debían trabajar con un productor de la casa, Norman Smith, y desprenderse de Boyd.

El disco no pasa desapercibido y parte de la prensa especializada saluda su llegada con entusiasmo, especialmente la revista *Melody Maker*, que reconocía en «Arnold Layne», «una nueva forma musical para la escena pop inglesa». Pero no todo fueron alabanzas, ni mucho menos. La letra de la canción hacía alusiones a un travesti que roba ropa en las lavanderías y fue tachada de obscena, generando una polémica que acabó con la prohibición del tema en las emisoras de radio a causa de presuntas referencias sexuales en su letra, y no solo por la BBC, sino incluso por emisoras piratas como Radio Caroline o Radio London, para sorpresa de su propios oyentes. Eran los días del férreo control ejercido por Lord Chambelain y su Consejo Británico para la Censura y nadie quería arriesgarse a un cierre temporal o una multa. A pesar de todo, o quizá ayudado por la publicidad no buscada, el single llegó a situarse en el puesto número 20 de las listas inglesas, todo un éxito para unos recién llegados. Cinco días después de la salida del disco, el 16 de marzo, entran por primera vez en los estudios de Abbey Road para trabajar con el productor e ingeniero de sonido Norman Smith, que había trabajado con The Beatles y que sería el responsable de los dos primeros álbumes de estudio y el primer doble LP en directo que comenzarían a cimentar la fama de los Pink Floyd.

A finales de abril la banda participa, junto a 40 bandas más, en el festival The 14 Hour Technicolor Dream, que se celebró durante catorce horas en el Alexandra Palace, de Londres y que se convirtió en una histórica fiesta de la psicodelia en la que, según Jenner, más de la mitad del público iba colocado de ácido. El objetivo de la fiesta era recaudar fondos para sus amigos de la revista *International Times*, que había sufrido una redada policial en la que se habían llevado hasta los cheques que estaban sin cobrar. Aquella noche, dentro o fuera del escenario, entre un caos de grupos, bailarines, músicos, escultores, poetas, lanzadores de pétalos de flores y adictos a la psicodelia en general, y con música emanando desde dos escenarios distintos, a veces hasta al mismo tiempo, pasaron por allí John Lennon, Yoko Ono, Pete Townshend, John Dunbar, Soft Machine, The Pretty Things, The Move, Ron Geesin y un largo etcétera que incluye a prácticamente todo los protagonistas del underground londinense. Casi al amanecer los Floyd cerraron la fiesta interpretando al parecer «Astronomy Domine», «Arnold Layne», «Interstellar Overdrive», «Boogie de Nick», aunque sobre este punto los propios testigos del evento reconocen la poca fiabilidad de su memoria.

A pesar de la evidencia del consumo de drogas en sus conciertos y de lo abiertamente lisérgico de sus actuaciones, por aquellos días todavía intentaban dar una imagen de buenos chicos, o al menos no demasiado malos, para no asustar a su discográfica, tal y como constatan las memorias de Nick Mason: «Hicimos varias entrevistas evasivas negando incluso que entendiéramos realmente el significado de la palabra 'psicodélico', Sin duda existía mucha confusión en las altas esferas, porque en una entrevista consideramos necesario explicar que una sesión *freak-out* (alucine) debería ser relajada y espontánea, más que una muchedumbre de colegas lanzando botellas, en palabras de Roger». Por entonces, también dedican tiempo y parte del dinero que les ha pagado EMI a darle un empujón a Blackhill Enterprises, la compañía que habían montado con Jenner y King, para llevar los negocios de la banda. Incluso se compraron una furgoneta nueva, una Ford Transit, para trasladar el equipo, parte del cual les robaron en un descuido de Wright, encargado de vigilarlo. Blackhill era una empresa hippie, un club de amigos que se ocupaban de todo, desde cargar y descargar, hasta pactar las actuaciones; quizá demasiado hippie para el gusto de Roger Waters, que empieza a tomarse muy en serio su trabajo y a cuestionar igual de seriamente el de Jenner y King.

En mayo de 1967 celebran el Games For May, en el Queen Elizabeth Hall, un concierto en el que presentan un nuevo invento, el Coordinador Azimuth, aparato construido por un ingeniero de sonido de los estudios Abbey Road que desviaba el sonido del teclado hacia distintos altavoces, creando un tipo de sonido envolvente e introducía efectos de sonido de pasos, ruidos domésticos, voces de niños, ruido de maquinaria o cualquier otra cosa que se les ocurriese. El concierto se celebró en un ambiente caótico; en él, los aficionados llegaron a destrozar algunos asientos y provocaron la prohibición de volver a tocar en ese escenario, aunque las razones alegadas por la empresa fueron un tanto surrealistas, a decir del propio Nick Manson en su libro *Dentro de Pink Floyd*: «Se nos prohibió volver a tocar nunca más en el Queen Elizabeth Hall, no porque los sobreexcitados fans arrancaran los asientos, sino porque un miembro de nuestro equipo, vestido como el almirante de una flota, lanzaba pétalos de flores por los pasillos. Las autoridades de la sala consideraron esto un riesgo potencial para la seguridad de las personas del público, que podían resbalar...». Por esas fechas, un amigo íntimo de los Floyd, llamado a ser parte de la familia en un futuro no lejano, se encuentra en Francia, un país que visita con cierta regularidad –igual que España, que había visitado en el verano del 66 para conocer de cerca uno de los primeros reductos hippies de la península ibérica: Marbella– tocando con su banda, Flowers. Hablamos de David Gilmour.

Londres ya no era una fiesta

El 2 de junio los Pink Floyd regresan al UFO para actuar ante un público tan numeroso como selecto que incluye a Jimi Hendrix, Pete Townshend, Eric Burdon con algunos de sus compañeros de The Animals y miembros de The Yardbirds. Pero Barrett tuvo una de sus noches aciagas, completamente desconectado, al decir de algunos testigos como su antiguo productor y director del club, Joe Boyd, y la prensa especializada machacó al grupo y dejó su show por los suelos. Pero quien en realidad estaba herido de muerte era el propio club, que no pasaba por una boyante situación económica y que no pudo aguantar la presión de las autoridades sobre el movimiento underground, atacando el consumo de drogas, como demostró la detención del fundador del club y gurú de la contracultura londinense, John Hopkins, condenado a nueve meses de prisión por posesión de cannabis, aunque lo que más molestó a los jueces fue su defensa pública del uso de las drogas. El UFO cerró sus puertas en octubre de ese año, dejando huérfano a un público psicodélico que comenzaba a entrar en una etapa cada vez más oscura.

Ilustración del propio Syd Barrett para la portada del segundo sencillo de la banda, «See Emily Play».

A mediados del mes de junio lanzan su segundo sencillo, «See Emily Play», con un protagonismo absoluto de Barrett que además de crear los temas, realiza el diseño de la portada, un dibujo infantil con una locomotora que pone Pink Floyd. Visto con la perspectiva de más de medio siglo, podría parecer toda una alegoría de la marcha a todo tren de la banda y del viaje en el que se había embarcado Syd, que tenía más que ver con el LSD que con el ferrocarril –aunque curiosamente, en España al viaje en ácido también se le llamó «coger el tren». Según los testimonios de quienes compartieron con él aquellos días, Barrett comenzó a convertirse en un personaje que vivía en otra dimensión. Se pasaba horas tocando la guitarra, o sentado en un rincón, ajeno a lo que le rodeaba, incluso al acoso de las fans. A veces huraño y a veces afable, era el verdadero artista de la banda y además lo demostraba en cada una de sus actitudes. «See Emily Play» se convirtió en un rotundo éxito, colocándose en sexto puesto de las listas de ventas, lo que representaba toda una hazaña para un grupo novato, con solo un par de sencillos en el mercado. La misma prensa independiente que les había dado la espalda con «Arnold Layne», se volcó ahora para convertirlos de la noche a la mañana en los ídolos emergentes del rock británico.

Pero a pesar del éxito, o quizá a causa de él, son días complicados para la banda. Endiosado por su creciente popularidad y cada vez más tocado por el consumo de ácido y barbitúricos, Syd se resiste a seguir las normas de la industria musical y comienza a exagerar su excentricidad durante sus intervenciones promocionales en medios de comunicación. Durante el mes de junio el grupo interviene en tres ocasiones en Top of the Pops, el programa musical estrella de la BBC, y a cada intervención la actitud de Barret es menos entusiasta y más conflictiva, objetando la ausencia de John Lennon en ese programa y presentándose en el estudio con un aspecto absolutamente desaliñado como señal de protesta.

También fueron días complicados para el London Swinging, con arrestos de sus estrellas como Mick Jagger y Keith Richards, acusados de posesión de drogas, y con una constante campaña de descrédito por parte de la prensa sensacionalista encabezada por el diario *News of the World*. Muchos miembros de la comunidad contracultural comenzaron a buscar sitios donde la permisividad con sus actividades fuese mayor y comenzaron a viajar a España, un país que, a pesar de vivir bajo una férrea dictadura, tenía bastante manga ancha para con los excéntricos turistas. Las islas de Ibiza y Formentera comenzaron a llenarse de hippies y hacia allí encaminan también sus pasos los miembros de la banda a mediados de agosto. Pero antes, el día 5, lanzan su primer álbum, *The Piper at the Gates of Dawn*, grabado en los estudios Abbey Road y que comparte el puesto pionero del rock psicodélico con el *Sgt. Pepper's Lonely Hearts Club Band* de The Beatles, que fue grabado en paralelo por los mismos días en los mismos estudios. Allí fue donde unos novatos Pink Floyd conocieron a los ya por entonces afamados The Beatles. El disco era una fantasía onírica escrita fundamentalmente por Syd Barrett, que se inspiró en su libro infantil favorito, *The Wind in the Willows (El viento entre los sauces)*, de Kenneth Grahame, con aportes del resto del grupo. Considerado con el tiempo uno de los discos más influyentes en la historia de la música, en su día fue recibido con severas críticas. Aun así, logró colocarse en el sexto puesto de las listas británicas gracias a que la banda comenzaba a tener ya un nutrido grupo de seguidores. Los once temas del disco son de Barret, excepto «Pow R. Toc H.» e «Interstellar Overdrive», que junto a «Astronomy Domine», «Matilda Mother», «Chapter 24», «Scarecrow», «Bike», «The Gnome», «Take Up Thy Stethoscope And Walk» y «Lucifer Sam», colocan los cimientos del mito Pink Floyd

El disco salió al mercado el 5 de agosto y casi inmediatamente la banda hace las maletas y se va de vacaciones, un tanto obligadas por el estado de Barrett. Por entonces habían tenido que anular algunos conciertos dada la actitud de Barret, tanto fuera como dentro del escenario, ido completamente, incapaz de tocar una nota o seguir mínimamente a sus compañeros que, junto a los representantes y amigos comenzaron a inquietarse seriamente. Intentaron que visitase a un psiquiatra, acudieron a su hermano para que interviniese e intentaron apartarlo del cinturon de apologistas del LSD que rodeaba permanentemente a Syd. Pero todo fue en vano.

Pesadilla en el paraíso

El grupo canceló los conciertos de verano con la explicación oficial de que su líder sufría agotamiento nervioso, lo cual no era falso del todo, y decidieron que se fuera a Formentera. Esa decisión pertenece al cupo de aquellas en las que es peor el remedio que la enfermedad, porque en el paraíso hippie de la España franquista Syd se puso en manos de Sam Hutt, un recién titulado en medicina que oficiaba de galeno de cabecera de toda la troupe underground. Syd, su novia Lindsay Corner, Rick y Juliette Gale, Sam Hutt, su esposa y su hijo se instalaron en Formentera, mientras Roger y Judy Trim lo hacían en Ibiza. Pero las cosas no mejoraron o incluso empeoraron con un Syd fuera de su ambiente urbano, asustado por las tormentas que azotaban la isla, sufriendo brotes de esquizofrenia y sin dejar de consumir LSD, que era lo que menos contribuía a su recuperación. Quien sí se enamoró de las islas Baleares fue Waters, que repetiría visita un año después y que por aquellos días comenzaba a distanciarse de Syd a causa de sus distintas visiones del futuro de la banda. La situación era muy difícil de controlar y el 19 de agosto el *Melody Maker* se hace eco de los rumores sobre disensiones en el grupo, agudizados por el obligado descanso de Syd. Entretanto, el acoso contra el movimiento contracultural no cesa y ese verano será también el del final de una época dorada en la difusión del rock británico, la de las emisoras piratas, que son clausuradas a mediados de agosto por orden gubernamental.

A su regreso a casa, los Floyd, o al menos Waters, Mason y Wright, tratan de dar un nuevo impulso profesional a la banda e intentar salir del circuito de salas pequeñas y dos pases por noche. Tras algunas actuaciones por Inglaterra y una visita a los Países Bajos, llega la oportunidad de su primera gira norteamericana. Tras algunos problemas con el papeleo llegan a San Francisco justo a tiempo de organizar a toda prisa y casi sin apoyo de Bill Graham, famoso y despiadado promotor que les había contratado, el concierto del día 2 de noviembre en el Filmore West. También actuaron en el Winterland Ballroom, un antiguo salón de baile reconvertido en templo de la psicodelia californiana en el que hicieron de teloneros de la Big Brother and the Holding Company, la banda de Janis Joplin, con la que, según cuenta Mason, compartieron algunos tragos. También actuaron en el Cheetah Club de los Ángeles, donde Syd protagonizó una de sus noches sonadas, por lo delirante. Cuenta la leyenda que para alisarse el pelo se echó una mezcla de pastillas machacadas y gel y que, con el calor de los focos, el ungüento

Roger Waters, Sam Hutt y Syd Barrett en Formentera, en 1967.

comenzó a derretirse y a escurrirse por la cara de Syd, para entusiasmo del público, probablemente tan colocado como el cantante, que desafinó como nunca para gran cabreo de Roger, que acabó destrozando su bajo. Para Waters, y para alguno más de su entorno, Syd se había convertido en un problema sin solución.

El 5 de noviembre de 1967 la imagen pública de Barrett sufre un golpe definitivo durante su intervención en el famoso programa Pat Boone Show, presentado por el conservador músico de rock y country, que se quedó incómodamente perplejo ante el silencio y la mirada ausente con la que el músico británico recibía sus preguntas. Un día después remata la jugada en el legendario American Bandstand de Dick Clark. En el mismo programa que Elvis Presley había sido entrevistado durante el servicio militar en Alemania, en el que Jerry Lee Lewis había actuado en directo por primera vez en televisión y en el que Chuck Berry había hecho su famoso paso del pato al ritmo de «Maybelline», Syd se negó a mover los labios durante la interpretación de los dos temas que les correspondían, «See Emily Play» y «Apples & Orange». Al final Andrew King, que era el representante que les acompañaba en la gira, canceló los conciertos que quedaban en la Costa Este y llamó a su socio Peter Jenner para que preparase el regreso a casa.

En los últimos meses del 67 las actuaciones en directo de Barrett caminan inexorablemente hacia la catástrofe. Durante sus giras fuera de Londres se mantiene en una actitud apática, en el escenario está como ausente, repitiendo una y otra vez la misma nota en la guitarra, completamente al margen de lo que tocan sus compañeros. La situación se complica todavía más a mediados de noviembre, cuando se embarcan en una gira para telonear a la Jimi Hendrix Experience en la que los reiterados descontroles de Syd Barret, que vagaba por el escenario con la guitarra colgando, sin dar una nota, obligaron a sustituirlo temporalmente por el guitarrista de The Nice, David O'List. Syd empezaba a perder toda conexión con la realidad, tal y como testimonian las palabras de Rick White, recogidas por Nicholas Schaffner en *La Odisea de Pink Floyd*: «En los sesenta todo estaba relacionado con tomar ácido, y era como descubrir un mundo completamente nuevo. Él quedó atrapado».

Durante la gira con Hendrix sale al mercado el single «Apples & Orange», una canción de Barrett, con «Paint Box», un tema de Wright, en la cara B. La prensa musical, y especialmente el *New Musical Express*, lo saludan con alborozo, pero el disco pasa prácticamente desapercibido para el público y las ventas son ruinosas. Las alertas se disparan en el entorno del grupo. El

22 de diciembre actúan en el Christmas on Earth Revisited, en el Olympia de Londres y Syd sigue sin dar señales de vida en el escenario. Será su último concierto con la banda.

Ruptura y cuenta atrás

Unos días antes, el 6 de diciembre, durante un concierto celebrado en el Royal College of Art de Kensington, Nick Mason había hecho un primer sondeo a David Gilmour sobre la posibilidad de que se incorporase a la banda como guitarrista. Las conversaciones continúan durante las navidades, sin que se plantee la sustitución de Barrett, sino la incorporación de Gilmour como quinto miembro, lo que se produce a mediados de enero de 1968, con todas las reticencias de Syd que veía en el nuevo guitarrista a un intruso y un rival. En realidad David era un asalariado, contratado como segundo guitarra y cantante por un sueldo de 30 libras a la semana. Syd lo conocía bien, porque a mediados de los 60 habían viajado juntos a Francia y España y era precisamente David quién le había enseñado unos cuantos trucos con la guitarra en los tiempos en que eran unos adolescentes que iban al mismo instituto, en el que también habían conocido a Roger Waters. Gilmour era un músico competente que tocaba varios instrumentos, desde la guitarra al saxo, pasando por la batería y los teclados, llevaba años intentando hacerse un hueco en el mundo de la música con su grupo, Jokers Wild, y tocando la guitarra con bandas de ocasión.

La relación interna en la banda es cada día más difícil, con Syd en un estado oscilante entra la abulia y la paranoia, Roger propugnando su marcha, Wright y Mason navegando entre dos aguas pero reconociendo que es imposible continuar con Barrett en esas condiciones y los managers Jenner y King, aferrados a la permanencia del Syd, básicamente porque no creen en el futuro de la banda sin él. El 13 de febrero regresan a los estudios, ya con Gilmour a la guitarra, para grabar un nuevo sencillo con un tema de Wright, «It Would Be So Nice», en la cara A y la famosa «Julia Dream», una canción de Waters, en la B. La ausencia de Barrett en los créditos revela a las claras cuál era su situación en la banda. Hacia finales de febrero las cosas se precipitan y una tarde, camino de un concierto, se produce una ruptura que Mason recuerda como cruel: «En el coche, de camino para ir a buscar a Syd, alguien dijo: "¿Recogemos a Syd?", y la respuesta fue: "No, joder, no vale la pena". Relatarlo de una manera tan directa, suena como si no tuviésemos corazón y fuéramos realmente crueles: es cierto. La decisión fue completamente cruel, igual que nosotros». A principios de marzo hubo una reunión de todo el equipo y Blackhill Enterprises se disolvió. Peter y Andrew decidieron seguir representando a Barrett y Gilmour; Mason y Wright se fueron por su cuenta. El 6 de marzo de 1968 la prensa londinense anuncia oficialmente la salida de Syd.

La banda atraviesa muy malos momentos. El público ha dejado de acudir a sus conciertos, como demuestra la sala semivacía del Middle Earth Club de Londres, donde actuaron por primera vez sin Syd dos semanas después de su marcha. Sin la desnortada pero genial brújula del guitarrista, los Pink Floyd comienzan a naufragar, las actuaciones escasean y su discográfica trata de buscar una salida sacando al mercado un single a mediados de abril, el senzillo «It would be so Nice» que fue ignorado completamente por las emisoras de radio y cosechó un absoluto fracaso. En medio de esa desalentadora situación se embarcan en un nuevo y ambicioso reto, su primera banda sonora, para la película *The Committee*, dirigida por Peter Sykes y producida por Max Steuer y que fue exhibida en unos pocos cines y desapareció de la circulación casi de inmediato.

Syd no se queda de brazos cruzados y el 6 de mayo comienza a grabar sus primeros temas como solista en los estudios de Abbey Road bajo el amparo y la dirección de Peter Jenner, que seguía confiando en el genio que había llevado a Floyd a la fama en un tiempo récord. Por entonces Syd vivía con su amigo Storm Thorgerson, el diseñador que había montado Hipgnosis, el equipo que se acabaría encargando de hacer las mejores portadas de la banda. Pero Barrett sigue desvariando y teniendo accesos de locura mientras es asediado por los fans. En el estudio seguía teniendo una actitud errática y era incapaz de sacar nada en claro, con lo que las grabaciones se detienen.

Por entonces los Floyd estaban trabajando en su segundo álbum de estudio, *A Saucerful of Secrets*, un disco que incluía tres temas de Waters, que se había echado la banda a la espalda, «Let There Be More Light», «Set the Controls for the Heart of the Sun» y «Corporal Clegg», dos temas de Wright, «Remember a Day» y «See-Saw», otro firmado por los cuatro componentes del grupo, «A Saucerful of Secrets» y un último tema de Barrett, «Jugband Blues», grabado en los estudios de Abbey Road en octubre del 67 en el que el cantante estuvo acompañado por una banda del Ejército de Salvación, a los que dejó libertad para interpretar lo que quisieran mientras él hacía otro tanto. El disco sale a la venta el 28 de junio y al día siguiente actúan en el Mydsummer High, el primer concierto gratuito que se celebró

El 6 de marzo de 1968 la prensa londinense anunció oficialmente la salida de Syd de la banda.

en Hyde Park y que lógicamente se convirtió en una concentración hippie a la que acudieron miles de personas, que ampliaron su número de seguidores.

El álbum supone un respiro para la banda al colocarse en el puesto número 9 del ranking de ventas en Inglaterra, aunque fue un estruendoso fracaso en Estados Unidos, donde ni siquiera logró entrar en las listas, fundamentalmente a causa de la falta de interés de su distribuidora, una filial de Capitol Records. De la imagen gráfica se encarga por primera vez el equipo de Hipgnosis, integrado por dos talentos del diseño gráfico, Storm Thorgerson y Aubrey Powell, que crearon una portada absolutamente psicodélica usando superposiciones de varias imágenes. Quizá sea lo único en lo que sale ganando en la comparación que la crítica hace con su primer disco, obra de Barrett, lo cual no es precisamente una inyección de ánimo para los Floyd. Curiosamente, el país en el que tiene mejor acogida es Francia donde se tiene de ellos una imagen más intelectual que atrae a la juventud gala. Son los días del mayo del 68 y las revueltas en París son un buen caladero para el espíritu a contracorriente que exhibe la banda.

El 4 de julio, fiesta nacional de los Estados Unidos, comienza una gira por el país que, a diferencia de la anterior, se convierte en un éxito, aunque moderado. Se vieron obligados a ampliarla a causa de una huelga de controladores aéreos que les impidió volver a casa. Incluso tuvieron ocasión de participar, junto a The Who, en un concierto en Philadelphia que llevaba el significativo título de The British Invasion, en el que participaban también The Troggs y Herman Hermit. A su regreso al viejo continente prosiguen de gira durante casi todo el otoño recorriendo Francia e Inglaterra. El 17 de diciembre lanzan su quinto sencillo, «Point Me at the Sky», un tema compuesto por Waters y Gilmour que quedará ensombrecido por su cara B, «Careful With That Axe, Eugene», un tema firmado por los cuatro miembros de la banda y que se haría sumamente conocido en los conciertos de los años 70. El single pasa prácticamente desapercibido en Gran Bretaña y ni siquiera es distribuido en los Estados Unidos.

El año de la ruptura de Pink Floyd, o más bien de la primera ruptura, finaliza con un balance ambiguo. *A Saucerful of Secrets* les ha permitido mantenerse a flote e intuir el rumbo que debían tomar, un camino que se iba alejando paulatinamente de la psicodelia y se adentraba en el rock progresivo, adelantándose a otras bandas de la época, pero en el reverso todavía pesaba demasiado el descalabro personal tras la marcha de Syd y sus finanzas iban cada día a peor. En medio de todo ese ajetreo han encontrado tiempo para regresar al paraíso hippie de Formentera, donde han conocido a un joven director de cine llamado Barbet Schroeder, con el que conectan a las mil maravillas y que les encarga la música de su próxima película. Los Floyd cierran 1968 enfrascados en un nuevo proyecto, *More*, una banda sonora que se convertirá en su tercer álbum de estudio.

La transición progresiva

(1969-1970)

Los primeros meses de 1969 fueron muy duros para Pink Floyd, que apenas conseguían bolos, solo media docena en los cuatro primeros meses, y además no acababan de encarar un proyecto de nuevo disco –hay que recordar que por entonces *More* era solo una banda sonora– y siguen sin sacudirse el trauma colectivo que supusieron la marcha de Syd –o expulsión, según como se mire– y la disolución de Blackhill Enterprises. Además, sus asuntos económicos van tan mal que durante un par de meses se ven obligados a prescindir de sus famosas proyecciones y juegos de luces. Tras el esfuerzo realizado para mantener su carrera durante los primeros meses sin su antiguo líder, el grupo afronta un difícil período de transición que le llevará hacia un nuevo estilo, el del rock progresivo.

Su primer trabajo es acabar la banda sonora de la película *More* que les ha encargado su director Barbet Schroeder, en la que han estado trabajando durante las navidades y por la que han cobrado la jugosa cantidad, para la época, de 600 libras (algo más de 700 euros). El trabajo fue rápido. Recibieron el master de la película con las sugerencias del director, cronometraron dónde debía ir la música y se fueron a grabar con el ingeniero Brian Humphries a los estudios Pye. A principios de año la banda se embarca también en una nueva obra de tipo conceptual titulada *The Man & The Journey*, que nunca vería la luz como álbum de estudio, pero que acabaría formando parte de su proyecto recopilatorio *The Massed Gadgets of the Auximines*. La pretensión era adentrarse en la rutinaria vida de un hombre de clase media narrada musicalmente en dos suites de larga duración que acabarán interpretando en directo. De las sesiones de grabación quedaría para la posteridad la filmación de los ensayos, que están disponibles en vídeo. A finales de enero viajan a Francia, para dar un par de conciertos y participar en el programa de la televisión francesa, Tous en Scene, en el que graban ya una versión de su famoso tema «Careful With That Axe, Eugene»

El 14 de abril tienen su primer cita importante del año en el Royal Festival Hall, donde ponen en escena el espectáculo More Furious Madness from the Massed Gadgets of Auximenes, en el que presentan por primera vez *The Man and The Journey*, la larga suite dividida en dos partes, en la que están trabajando y durante la que ponen en escena elementos tan estrafalarios como la construcción de una mesa. Ese día también usaron el Coordinador

More Furious Madness from the Massed Gadgets of Auximenes, primer trabajo sin Barrett.

Azimuth, con su sonido envolvente que volvió a dejar asombrada a la audiencia e incluso incorporaron un monstruo que se acercaba al público para luego desaparecer detrás del escenario, en una primera versión de lo que años más tarde serían las marionetas gigantes y los inflables voladores de su shows. El 27 de ese mismo mes actúan en el Mother's Club, en Birmingham, con un concierto que se registra para ser integrado en un próximo proyecto que se llamará *Ummagumma*, igual que sucede seis días después con su actuación en el College of Commerce, Manchester. De estas dos versiones saldrían los cortes «Astronomy Domine», «Careful With that Axe», «Eugene, Set the Controls» y «A Saucerful of Secrets», que formarán el primero de los dos discos del nuevo álbum, un doble LP que se completará con otro disco grabado en el estudio. La grabación de *Ummagumma* se prolongaría durante los siguientes cinco meses. Desde el comienzo el proyecto estuvo plagado de dificultades y carencias, especialmente por la falta de un sustituto claro para Barrett al frente de la composición de los temas, que se distribuyó entre los distintos integrantes de la banda, en la que solo el nuevo guitarrista, Gilmour, poseía los conocimientos musicales que le acreditasen como compositor, pero que tenía un nuevo líder en ciernes, Waters, que reclamaba para sí la labor de crear los temas del grupo. Ajeno a las tribulaciones de sus antiguos compañeros, en marzo Barrett se pone en contacto con Malcom Jones, un ejecutivo de EMI que estaba poniendo en marcha el sello subsidiario Harvest Records, dedicado al rock progresivo. La discográfica decidió darle una nueva oportunidad a pesar del fracaso de sus primeros intentos en solitario. Syd graba «Terrapin» y un tema titulado «Clowns and Jugglers», que acabará siendo rebautizado como «Octopus» y que formará parte también del futuro álbum de Barret, *The Madcap Laughs*, cuyo título proviene precisamente de la letra de esta canción. El 10 de abril comienzan las sesiones en Abbey Road, donde van tomando forma temas como «No Man's Land», «Here I Go» u «Opel», una canción que prometía mucho pero que el inestable músico acabó abandonando. Por el estudio pasaron miembros de las bandas progresivas del momento, como Humble Pie o Soft Machine, que participaron como acompañamiento en algunas sesiones. Pero ni siquiera con su ayuda Syd conseguía encarrilar la grabación. La discográfica EMI comenzó a ponerse nerviosa. Waters y Gilmour decidieron echarle una mano y le ayudaron a producir, con notable esfuerzo, el primer trabajo en solitario de Barrett, que sería editado en 1970.

En mayo las cosas comienzan a mejorar un poco y el día 16 comienzan en el Leeds Town Hall de Yorkshire una gira por Gran Bretaña con una docena de conciertos que terminarán el día 26 de julio en el Royal Albert Hall de Londres, con algunas escapadas para actuar puntualmente en Suecia, Irlanda y Holanda. El 13 de junio se publica *Music from the Film More*, el álbum con la banda sonora original de la película *More*, estrenada apenas una semana antes. Es su primer disco sin Barrett, aunque todavía mantiene mayoritariamente un sonido propio de la psicodelia que practicaba el cantante. La prensa apenas se hace eco de su salida, a pesar de lo cual consiguió un respetable noveno puesto en el ranking de ventas. Seis de los temas van firmados por los cuatro integrantes de la banda, Waters es el autor de otros cinco, Mason y Wright de otro y Gilmour firma en solitario una de las canciones más curiosas, «A Spanish Piece», tan breve y simpática como desafortunada en su letra, una colección de tópicos en la que el guitarrista parodia a un borracho intentando ligar, mientras suenan guitarras aflamencadas, con frases como: «Adorable señorita, sus ojos son como estrellas / Sus dientes son como perlas y sus labios de rubí», aderezado además con un «Pásame el tequila Manuel» que revela una errática ubicación geográfica del tema.

El 20 de julio el astronauta Neil Armstrong se convierte en el primer hombre en pisar la luna y la BBC utiliza «Moonhead», el tema de los Floyd para ambientar el programa del alunizaje. Ese mismo día la banda celebra el último concierto de la gira británica de esa primavera en el Royal Albert Hall, Londres, donde despliegan un derroche escénico que incluye un cañón que dispara bombas de humo rosa. Ese es también el día en el que Syd realiza su última sesión de grabación de *The Madcap Laughs*, antes de viajar a Ibiza para sus segundas vacaciones en las islas Baleares. Barrett regresa unos días a Formentera, donde el verano anterior había pasado unos días dominados por los ataques de locura. Esta vez su actitud es más calmada, aunque sus cambios bruscos de carácter, pasando de la euforia a la apatía absoluta, les producían bastantes sobresaltos a sus anfitriones, Mary Wing y Marc Dessie, una pareja de ingleses residentes en la isla.

Ese verano sus antiguos compañeros se dedican a grabar los temas de estudio de *Ummagumma:* «Sysyphus» (Part 1, 2, 3 y 4)», de Richard Wright, «Grantchester Meadows» y «Several Species of Small Furry Animals Gathered Together in a Cave and Grooving with a Pict», de Roger Waters, «The Narrow Way (Part 1, 2 y 3)», de David Gilmour y «The Grand Vizier's Garden Party (Part 1, 2 y 3)», de Nick Mason. El reparto de firmas no es casual en absoluto, ya que esta vez los miembros del grupo habían decidido repartirse más o menos equitativamente el tiempo para las composiciones de cada uno, entre 9 y 13 minutos. Los temas siguen siendo psicodélicos, aunque con muchos elementos del rock progresivo, el blues e incluso el folk.

El 31 de agosto Syd Barrett fue testigo de la histórica reaparición de Bob Dylan en el Festival de la Isla de Wight, después de dos años de ausencia de los escenarios del músico de Minnessota tras su accidente de moto. Syd acudió acompañado por su novia Gretta y allí coincidió entre el público con otras estrellas del universo musical, como la mayor parte de The Beatles, John Lennon, George Harrison y Ringo Starr, los Stones Keith Richards, Bill Wyman y Charlie Watts, además de Eric Clapton, Elton John o el cantautor Georges Moustaki. En ese momento Waters, Gilmour, Mason y Wright se encuentra en Italia para participar en una nueva aventura cinematográfica, la banda sonora de *Zabriskie Point*, la película contracultural de Michelangelo Antonioni, que había conocido a los Floyd en su actuación del 66 en el Roundhouse. A pesar de la experiencia de los Floyd en bandas sonoras, el trabajo con Antonioni se reduce a una serie de desencuentros entre el director y los músicos, que acusan al cineasta italiano de no saber lo que quiere exactamente. Al final la participación de la banda se reducirá a tres temas: «Heart Beat, Pig Meat», «Crumbling Land» y «Come in Number 51, Your Time Is Up».

Las últimas carcajadas del genio loco

En octubre, el fotógrafo Mick Rock realiza una sesión fotográfica en el apartamento de Syd Barrett para el disco *The Madcap Laughs*, en las que acaba participando la célebre *groupie* Iggy The Skimo, por aquellos días amante de Syd y que posa desnuda para la portada del primer álbum en solitario de Barrett. Ese mismo mes, el día 25, sale al mercado *Ummagumma*, el álbum doble con el que Pink Floyd debutaron en el sello Harvest y que se convertiría en disco de oro en 1974. Por el momento, en las listas británicas logra un más que aceptable quinto puesto, aunque en Norteamérica se queda relegado al 74; en ambos países salió con portadas distintas. La cubierta era una idea de Nick Mason materializada por el equipo de Hipgnosis y consistía en varias fotos de los miembros del grupo que se enmarcaban a su vez en otras fotos del grupo. En la edición original salía una pequeña imagen de la portada de la película *Gigi*, y en la edición para los Estados Unidos hubo que quitarla por una cuestión de derechos. En el desplegable central del álbum aparece Judy Trim, la eterna novia de Rogers Waters, con quien se casó ese mismo año 1969.

La célebre *groupie* Iggy The Skimo posó desnuda para la portada del primer álbum en solitario de Barrett.

El 3 de enero de 1970 se publica *The Madcap Laughs*, el disco debut de Syd Barrett en solitario, y el ambiente underground lo acoge con alborozo, al igual que la prensa musical que en algunos casos, como el del *Melody Maker*, tuvieron la mala fortuna –o el dudoso gusto– de elogiarlo con términos que hacían alusión a la locura, aunque en ese momento se referían a la creativa. Sin embargo, en esta ocasión es capaz de mantener una serie de entrevistas promocionales sin perder el control. El disco no fue bien difundido por las cadenas de radio, pero aun así logró vender mas de 6.000 ejemplares en los primeros dos meses, lo que hizo que la compañía discográfica abrigase ciertas esperanzas respecto a su recuperación y estuviese dispuesta a producirle un nuevo LP.

Quince días después los Floyd dan un concierto en el Fairfield Hall de Croydon, en el que estrenan «Embryo», un tema de Roger que nunca se incluirá en un álbum de estudio y que formará parte años más tarde de un par de discos recopilatorios. Es otro de tantos tanteos que realiza el grupo en sus directos para ir avanzando en el siguiente álbum, *Atom Heart Mother*. Precisamente entre los temas que interpretan esa noche se encuentra uno que no tiene nombre y que ira evolucionando hasta convertirse en la canción que dará título al disco.

El *Melody Maker* publica en su edición del 31 de enero una entrevista en la que un calmado, e incluso a veces sonriente, Syd Barrett afirma que no ha tenido mayores problemas desde que dejó la banda, ni siquiera en el aspecto económico, hace vagas alusiones a unos planes para montar un nuevo grupo y hacer algunos conciertos, afirma que escribe con regularidad, reconoce que tuvo ciertos problemas con sus compañeros durante sus últimos tiempos de Pink Floyd e insiste en que lo único que echa de menos es actuar en directo. A finales de febrero interviene en dos programas de radio: en el show de John Peel en la BBC y en el Top Gear Show de Radio London, donde es acompañado por Gilmour a la guitarra. Por un instante da la sensación de que Syd se está recuperando en firme, de que ha vuelto a su anterior estado de ánimo, como explica en la entrevista al *Melody Maker*. Con esa confianza, el 26 de febrero regresa a los estudios de Abbey Road para comenzar las sesiones de grabación de su nuevo álbum, *Barrett*, en el que esta vez contará solo con el respaldo de Gilmour en la producción, porque Waters ya tuvo bastante con el álbum anterior. También colabora con la producción Richard Wright, que además toca los teclados, mientras Dave se encarga del bajo y Jerry Shirley de la batería. Gracias a su paciencia pudo completarse el disco, ya que Syd tenía problemas para concentrarse en tocar la guitarra, recordar las letras de las canciones o simplemente para cumplir los horarios de grabación.

El 5 de marzo se estrena *Zabriskie Point*, de Michelangelo Antonioni. La película es un fracaso y solo con los años se convertirá en un film de culto y un documento sobre la contracultura de finales de los 60. El álbum con la banda sonora deja fuera cuatro temas grabados ex profeso por Pink Floyd. A finales de abril vuelven a Estados Unidos para realizar un breve tour y el día 30 actúan en el canal de televisión KQED, de San Francisco, en el que realizan una performance en un auditorio sin público. El 16 de mayo protagonizan una famosa anécdota con el FBI de protagonita y, por una vez, no son ellos los sospechosos. Después de un concierto en The Warehouse de New Orleans, les roban prácticamente todo el material: guitarras, teclados, consolas, micrófonos y varios kilómetros de cables por valor de miles de libras. El FBI, que no les perdía ojo desde que entraban en el país, interviene inmediatamente y recupera el material 24 horas después. De todos modos, cancelan la gira y regresan a casa.

Entretanto Barrett continúa con su errática trayectoria personal y musical. El 6 de junio tiene un compromiso para actuar en el festival Extravaganza '70, en el Olympia Exhibition Hall de Londres. Es su primera aparición pública en un gran escenario tras su salida de Pink Floyd, pero Syd lo echa todo a rodar. Sube a tocar casi forzado por sus compañeros, Gilmour y el batería Jerry Shirley y realiza una actuación penosa que además corta abruptamente. Por esa época, comienza a deslizarse de nuevo por la pendiente del desequilibrio mental, camino del abandono definitivo. A finales de ese mes de junio su antigua banda toca en el Festival de Blues y Música Progresiva de Bath, en Somerset, en plena campiña inglesa, con un cartel que incluía a bandas como Led Zeppelin o Jefferson Airplane. Los Floyd presentan un nuevo show denominado *The Amazing Pudding*, que Waters anuncia a bombo y platillo como el título de su próximo álbum pero que al final se convertirá en *Atom Heart Mother*. En esta ocasión la banda ofrece uno de sus grandiosos espectáculos haciéndose acompañar por una orquesta completa y un coro. Al día siguiente parten para los Países Bajos para comenzar una gira que les llevará de un punto a otro de Europa, con algún salto a los Estados Unidos, que les mantendrá ocupados hasta finales de septiembre. En medio de esa vorágine, el 16 de julio, unas horas antes de actuar en el Paris Theatre de Londres, Waters decide convertir *Amazing Pudding* en *Atom Heart Mother* tras leer una noticia sobre una madre que da a luz con un corazón artificial que funciona con energía nuclear. Ese mismo día presenta el espectáculo con el nuevo nombre y el 10 de octubre se publica el disco, que en la cara de apertura lleva «Atom Heart Mother», una suite dividida en seis partes firmada por todos los componentes de la banda más Ron Geesin, y en el otro lado contiene «If», un tema de Waters, «Summer '68», de Wright, «Fat Old Sun», de Gilmour y «Alan's Psychedelic Breakfast», un tema instrumental dividido en tres partes y firmado también por los Pink Floyd en pleno.

El quinto álbum de estudio de la banda es una sinfonía que hace transitar definitivamente al grupo desde el rock psicodélico hasta la música progresiva. El público británico respaldó este cambio situándolo en el primer puesto de las listas, pero el mercado norteamericano fue menos entusiasta y los dejó en un modesto puesto 55. Donde también tuvo muy buena acogida fue en Francia, Alemania y Holanda, con el cuarto, octavo y quinto puesto, respectivamente. A pesar del éxito, la banda se mostró muy insatisfecha con

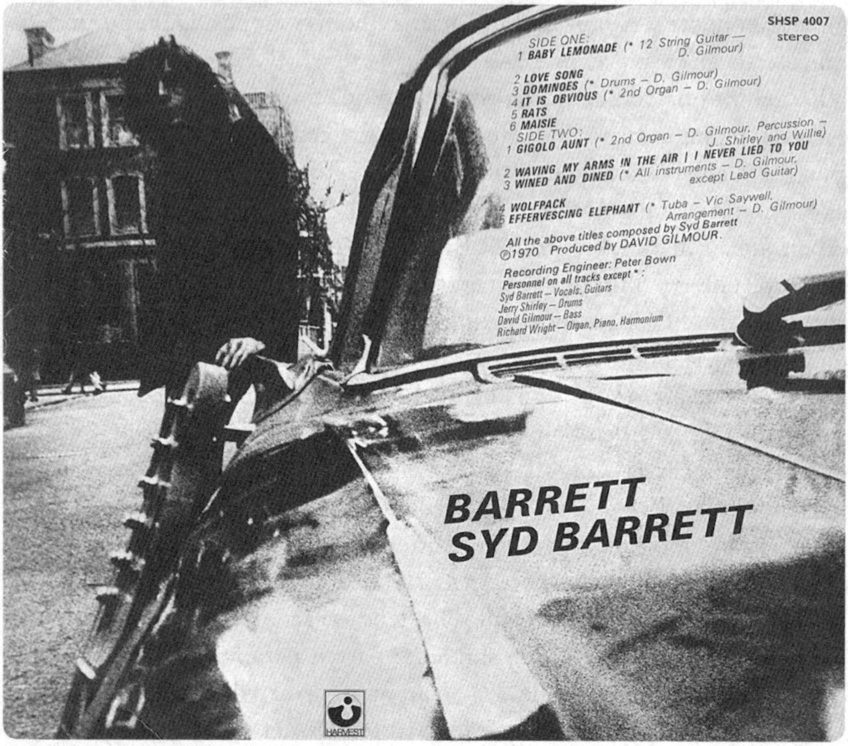

El segundo álbum solista de Syd Barret, llamado *Barrett*, no suscitó ni la curiosidad de la comunidad underground ni la de la prensa musical.

el resultado musical del álbum e incluso llegaron a plantearse grabarlo de nuevo. La vaca que mira desde la portada se llamaba Lulubelle III y era la respuesta del diseñador Storm Thorgerson a la petición de la banda de que esta vez hiciese una portada con un perfil muy plano y acabó convirtiéndose en uno de los más conocidos iconos de Pink Floyd.

Poco más de un mes después, el 14 de noviembre, EMI lanza el segundo álbum solista de Syd Barret, con producción de Gilmour y Wright. *Barrett*, que así se llama el disco, a diferencia de *Madcap*, su anterior álbum en solitario, no suscita ni la curiosidad de la comunidad underground, en franco retroceso a estas alturas, ni la de la prensa, que prácticamente no le presta atención y se queda fuera de las listas. Es el final de Syd, que regresa a casa de su madre, aunque en los próximos cuatro años volverá a residir esporádicamente en Londres e intentará regresar a la escena musical, sin el más mínimo éxito. Por el contrario, sus viejos compañeros de Pink Floyd acaban el año 1970 con tres nuevos discos en el mercado y un proyecto camino de la consolidación tras la ruptura con Barret. Atrás va quedando también la influencia psicodélica de éste y se adentran en el rock progresivo de la mano de Roger Waters, con un David Gilmour reclamando cada vez más espacio y afianzado en su papel de cantante y guitarrista talentoso. A principios de los 70 se acaban definitivamente los días de la precariedad y logran hacerse un hueco entre las bandas más importantes de la escena del rock, creando una personalidad propia. También ha comenzado a surgir una nueva pugna de personalidades en el seno de la banda.

Los miembros de Pink Floyd hacia el año 1970, ya sin la presencia del guitarrista Syd Barrett.

De izquierda a derecha: David Gilmour, Roger Waters, Nick Mason y Richard Wright.

El camino del éxito

(1971-1973)

En 1971 la revista *Melody Maker* publica una lista de preferencias de sus lectores en la que Pink Floyd ocupa la segunda posición, justo por detrás de Emerson, Lake and Palmer y por delante de bandas de tanto peso como Led Zeppelin o los Rolling Stones. Curiosamente la banda comienza ese año con una enorme sequía creativa y una absoluta indefinición sobre su futuro y lo acaba con dos álbumes editados, una nueva personalidad y un nuevo estilo que dejan definitivamente atrás la etapa psicodélica. Por primera vez en sus carreras musicales, los Floyd no solo tienen el respaldo y la admiración de los aficionados, sino que se han hecho un hueco en el negocio musical y ganan lo suficiente para permitirse comprar nuevas casas, nuevos coches, nuevos instrumentos, pero sobre todo para lograr mayores dosis de libertad creativa. La influencia de la banda comienza a hacerse notar en diversos ámbitos artísticos. Después de que el coreógrafo Roland Petit crease un ballet inspirado en *Atom Heart Mother*, a primeros de año el director de cine Stanley Kubrick se pone en contacto con el grupo para que le permitan usar la música de ese álbum en el film *Clockwork Orange (La naranja mecánica)*, a lo que Waters se niega afirmando que Kubrick pretende usar la música según su libre criterio, sin tener en cuenta el orden ni la intención de la composición original.

Mientras tanto Syd Barrett sigue tratando de encontrar su propio camino y a principios de enero graba un show para The Sounds of Seventies, un programa de la BBC conducido por Bob Harris, en el que un Syd con el pelo corto y bastante más despejado que en sus últimos días con los Floyd, aguanta el tipo sin demasiado entusiasmo pero con bastante más solvencia de lo que muchos esperaban. El fantasma de Barrett y las consecuencias de su marcha seguía flotando también entre la banda. A pesar de que Gilmour era el que tenía más madera de músico, Roger había sido capaz de mantener al grupo unido y a flote tras la marcha de Barrett y era el evidente candidato a líder de la banda, a la que estaba decidido a llevar por el camino de la teatralidad escénica y los grandes montajes en directo.

Pero la banda necesitaba un disco que les otorgase una verdadera personalidad, que marcase un estilo diferenciado y ese disco sería *Meddle*, el álbum que comenzaron a grabar en enero de ese año. Partían completamente de cero, sin ningún plan preconcebido, sin ninguna dirección inicial y quizá por eso bautizaron sus primeras grabaciones como *Nothing (Nada) 1-24*, a las

Con *Meddle*, la banda consiguió por fin verdadera personalidad y un estilo diferente.

que siguieron otras dos series bautizadas como *The Son of Nothing* y *Return of The Son Of Nothing* (*Hijo de la nada* y *Regreso del hijo de la nada*, respectivamente). La salida de aquel laberinto de vacuidad la encontró Richard Wright por casualidad, cuando en un ensayo de las sesiones de trabajo en Abbey Road se puso a trastear con un piano conectado a un amplificador Leslie, lo que producía una nota que se parecía mucho al eco del sonar de las películas de submarinos. Esa fue la chispa que iluminó al grupo para sacarlo del marasmo creativo en el que estaban empantanados. La guitarra de Gilmour encontró la brecha y acabó surgiendo «Echoes», un "épico poema sonoro", como le gustaba llamarle a Waters, firmado por los cuatro miembros del grupo y que acabaría ocupando toda la cara B del álbum que acaba de nacer. De hecho, es un tema en la que la casualidad y la improvisación en el estudio resultaron capitales, ya que la guitarra de la parte central surgió de un error de Gilmour, que colocó el pedal al revés. Gilmour y Wright pusieron las voces y los cuatro se dedicaron afanosamente a buscar efectos de sonido para un álbum que es posiblemente uno de los más colaborativos del grupo.

La cara A del álbum no tenía demasiado que ver con «Echoes» y eran un instrumental, «One of These Days», dos canciones con letras de Waters y música de Gilmour, «A Pillow of Winds» y «Fearless», otra hecha por Waters al margen de la banda, «San Tropez», y «Seamus», una canción que es un mito de la historia del rock, aunque no estrictamente por sus cualidades musicales. Quizá la más famosa de las curiosidades que envuelven este disco es la de la primera participación en una grabación de un perro, concretamente de *Seamus*, el perro de Steve Marriott, el guitarrista de Small Faces, que había dejado al animal al cuidado de David Gilmour. Éste descubrió que el perro se ponía a aullar cada vez que oía tocar la guitarra y que tenía la extraña facultad de hacerlo en el tono y el ritmo adecuados, así que decidió incorporarlo a la grabación del disco y lo incluyó en un tema del mismo nombre que el animal, un blues breve, casi de manual, escrito a cuatro manos por los integrantes de la formación en el que el perro se explaya durante todo el tema, convirtiéndose en el verdadero protagonista. Quedaba inaugurada una tradición perruna que se repetiría más de una vez en los discos de la banda. La grabación supuso un peregrinaje por diversos estudios, Morgan, Air y Abbey Road, debido a unas diferencias en el uso de los equipos de sonido entre la banda y la discográfica EMI, lo que alargó mucho el período de elaboración del disco. Mientras tanto siguen trabajando incansablemente, actuando en el Royal Albert Hall de Londres y la Universidad de Essex en Colshester y realizando una mini gira por Alemania.

Explotando rarezas

Ante el retraso que está registrando el nuevo disco, el 15 de mayo se publica *Relics*, el primer disco recopilatorio del grupo, con el que EMI pretende aprovechar el tirón de celebridad que atraviesan. Se trata de once canciones extraídas de los álbumes *The Piper at the Gates of Dawn* («Interstellar Overdrive» y «Bike»), *A Saucerful of Secrets* («Remember a Day» y «Paint Box») y *Music from the Film More* («Cirrus Minor» y «The Nile Song»), además de los singles de la primera época «Arnold Layne», «See Emily Play», «Julia Dream» y «Careful with that Axe, Eugene». El disco también contiene una rareza, «Biding My Time», un tema que tan solo habían interpretado en directo durante el espectáculo The Man / The Journey, de la gira que habían realizado por Inglaterra entre marzo y septiembre del 69. Los planes de la discográfica no salieron tan bien como ésta se esperaba y el disco tuvo un escaso rendimiento, quedándose en un discreto puesto 32 de las listas inglesas y hundido al final de la tabla en las norteamericanas. Quizá una de las cosas que más ha dado que hablar de *Relics* sea su portada, un extraño aparato a mitad de camino entre un barco y una colección de instrumentos extraños, diseñado por Nick Mason en sus tiempos de estudiante de arquitectura, y que ha hecho correr ríos de tinta con las más descabelladas interpretaciones sobre su significado.

En el mes de junio, tras una serie de conciertos por Escocia, emprenden una nueva gira europea que les lleva a Alemania, Francia, Holanda, Austria e Italia. El día 20, en Roma, interpretan por primera vez una versión embrionaria de «Echoes» que comienza con la estrofa «Planets sitting face to face (Los planetas se sientan cara a cara)». En ese concierto tocarán «Astronomy Domine» por última vez en 23 años. A finales de julio viajan a Australia y realizan una etapa previa en Japón para presentar su álbum *Atom Heart Mother*, en el Open Air Festival celebrado en el Hakone Afrodita el 6 de agosto. A mediados de mes actúan en Melbourne y Sidney, antes de abandonar Australia y regresar a Inglaterra con una larga escala en Hong Kong, desde donde informaron a los diseñadores de Hipgnosis la idea que habían tenido para la portada de *Meddle*: una oreja dentro del agua. De nuevo en casa, se dedican a grabar la versión definitiva de «Echoes» antes de viajar de nuevo a Suiza para participar en el Festival de Montreux, actuación que quedará recogida en el disco *Live at Mountreux 1971*. A su regreso, el director Adrian Maben les ofrece realizar un concierto sin público, como réplica antitética del multitudinario Festival de Woodstock. El lugar elegido son las ruinas romanas de Pompeya, a donde se trasladan para rodar entre el 4 y el 7 de octubre. Esta vez no hubo parafernalia, ni fuegos de artificio, ni globos, ni siquiera gente, solo las gradas vacías del anfiteatro romano y el absoluto silencio que acogió su interpretación de «Echoes», dividida en dos partes,

«Careful With That Axe, Eugene» «A Saucerful of Secrets», «One of These Days», «Set the Controls for the Heart of the Sun» y «Mademoiselle Nobs», una versión de «Seamus» o más bien el mismo tema 'interpretado' por otro perro llamado como la canción, o viceversa. Nick Mason lo describe como un trabajo estrictamente profesional, sin florituras de estrellas del rock: «Estuvimos filmando en Pompeya a principios de otoño, pero aún hacía bastante calor y se podía estar sin camisa. Fue un trabajo duro, sin noches libres para probar la gastronomía y el vino locales, pero la atmósfera era muy agradable y todo el mundo estaba muy puesto con su trabajo».

Mientras la banda se encuentra haciendo una gira corta por Norteamérica que les llevará a California, Quebec, Washington y Ohio, el 30 de octubre *Meddle* sale al mercado en Estados Unidos, donde la falta de promoción por parte de la distribuidora, Capitol Records, contribuye decisivamente a que no pase del puesto 70 de las listas y se convierta en un fracaso comercial. El 13 de noviembre se produce el lanzamiento en Gran Bretaña y sucede todo lo contrario, el disco se encarama al tercer puesto del ranking de ventas. Al final la sugerencia que los Floyd le habían hecho a Thorgerson de colocar en la portada «una oreja bajo el agua», se convirtió en un primer plano irreconocible de una oreja de cerdo bajo unas ondas; claro que la idea original que tenía Storm tampoco era fácil de digerir: una foto en primer plano del culo de un babuino. Las críticas son buenas pero dispares. *Rolling Stone* alaba el trabajo de Gilmour, al que considera el baluarte fundamental del grupo, mientras que *New Musical Express* califica el disco como excepcionalmente bueno. Por su parte *Melody Maker* la compara con una banda sonora y le da un tratamiento casi de música ambiental, con el adjetivo 'excelente', eso sí.

Caminando por el lado oscuro

Pink Floyd se convierten en los grandes supervivientes de la psicodelia y del rock progresivo, y lo hacen sin necesidad de sucumbir a la comercialidad, apostando por discos absolutamente personales y sin concesiones, para bien y para mal. 1972 es el año de su consolidación definitiva y de la creación de una de las obras más importantes de la historia del rock. Durante la primera quincena de enero comienzan a trabajar en algunas ideas que ha preparado Roger ante la inminencia de una nueva gira por Gran Bretaña. Eran esbozos para un nuevo espectáculo que comenzó llamándose Eclipse y acabó titulándose Dark Side of The Moon. Tras hacer un previo de tres

David Gilmour hacia 1972, en la presentación de Dark Side, en The Dome, Brighton.

noches seguidas en el Rainbow Theatre de Londres, el 20 de enero realizan la primera presentación de Dark Side, o de Eclipse, como todavía se llama, en el espectacular teatro The Dome, en Brighton, pero la precipitación del montaje provocó la suspensión del concierto cuando estaban interpretando «Money» a causa de problemas técnicos. Eran los riesgos del método Floyd por entonces: ir trabajando sobre la marcha y en directo las ideas que iban surgiendo en el estudio, o como en este caso, las ideas que habían salido de la cocina de Nick Mason, de donde Waters se llevó una lista de contratiempos y dilemas de la vida moderna: desde la ansiedad del dinero al miedo a morir, pasando por el desequilibrio mental o los azares de la vida cotidiana, sobre los que Roger comenzó a construir el proyecto del nuevo disco, mientras David y Rick comenzaban a trabajar las melodías. El disco tuvo la virtud de consolidar la figura de Waters como motor del grupo y creador de historias, en sustitución de Syd, mientras le daba oportunidad a Gilmour de encontrar su propio papel en la banda, no solo como su mejor cantante, sino como su músico por excelencia. Según su propia confesión, sería al primer disco del grupo con el que se sentiría realmente a gusto.

El 21 de enero, presentan el primer concierto completo del nuevo espectáculo en el Guildhall de Portsmouth. El 5 de febrero actúan en el Colston Hall, de Bristol y el 17 es presentado a la prensa, casi un año antes de su salida al mercado y de que esté finalizado por completo, en el primero de cuatro conciertos que se celebran en el Teatro Rainbow de Londres, con una enorme expectación y todas las entradas agotadas. La prensa reacciona con alabanzas ante el nuevo proyecto. El *Sunday Times* afirma que la ambición artística de la banda es enorme y que «en su propio juego, Pink Floyd ha logrado un éxito impactante. Son maestros del dramatismo». Por su parte el *Financial Times* afirmó que «si alguien intentara un asalto visual y auditivo similar sería un desastre; los Floyd tienen abiertas las fronteras más amplias de la música pop».

A finales de febrero y principios de marzo se encierran en el estudio para grabar la banda sonora de la película *La Vallée*, de su viejo amigo Barbet Schroeder, el director a quien le habían compuesto hacía dos años la banda sonora de su primera película, *More*. Esta vez la película contaba las aventuras y desventuras de unos hippies en una isla de Nueva Guinea y el método de trabajo fue estrictamente profesional: se trasladaron a los estudios de Château d'Herouville, en las afueras de parís, recibieron el montaje de la película con las anotaciones para la música y en diez días fabricaron un magnífico disco, en el que Gilmour brilla con gran intensidad, especialmente en «Childhood's End», cuya letra compuso él, mientras que Roger coloca una canción, «Free Four» que no tiene nada que ver con el tema de la película y en la que da rienda suelta a sus reflexiones en torno a la figura de su padre, algo que se convertirá en uno de los ejes de alguna de sus obras más importantes en el futuro, y ambos, David y Roger, componen conjuntamente «Obscured by Clouds», el instrumental con el que comienza la película y que dará nombre al álbum, el séptimo de su carrera creado en el estudio. El disco verá la luz en junio.

En mayo de ese año el fantasma de Syd vuelve a planear cerca de la banda, cuando la discográfica persuadió a Barrett para que firmase un documento por el que dejaba de tener cualquier vinculación financiera con los siguientes trabajos de Pink Floyd. Quizá una precaución excesiva, o cuando menos, poco elegante dadas las circunstancias de Syd, que deambulaba por Londres cambiando continuamente de hotel, cada día más desmejorado, convertido en una sombra de lo que había sido. A pesar de todo no tiraba definitivamente la toalla y por aquellos días todavía hizo un nuevo intento al frente de una banda llamada Stars, en la que la acompañaban Twink, ex batería de Pink Fairies y Jack Monck, que ya había colaborado con Syd a principios de 70, al bajo, con la que no pasó de las primeras actuaciones en un par de garitos de Cambridge, interpretando temas como «Dark Globe», «Gigolo Aunt» y «Lucifer Sam».

El 3 de junio sale a la venta en el Reino Unido *Obscured by Clouds*, el disco grabado el año anterior con los temas destinados a la película *La Vallée*, que sorprendentemente alcanza el sexto puesto en las listas británicas y el primero en las francesas. Su principal virtud será la de contribuir al éxito de la gira por Estados Unidos previa al tour de presentación de *Dark Side of the Moon*, que comienza el 22 de septiembre en el Hollywood Bowl de Los Ángeles, usando primero el nombre de Eclipse–A Piece for Assorted Lunatics para pasar a denominarse Dark Side of the Moon–A Piece for Assorted Lunatics, en la última parte de la gira. El 20 de noviembre del 72 ofrecen un concierto en Marsella destinado a grabar la música destinada al ballet Petit Rolland, que se estrenara en la televisión francesa el 14 de enero del año siguiente con un espectáculo de 40 minutos en el que suenan «One Of These Days», «Careful With That Axe, Eugene», «Obscured By Clouds/When You're In» y «Echoes».

En plena vorágine de giras y presentaciones dedican los dos primeros meses de 1973 a completar la grabación definitiva de *The Dark Side Of The Moon*, que sale a la calle el día 1 de marzo, en Inglaterra, y 24 días después en Estados Unidos, con un éxito de ventas fulminante: número uno en Estados Unidos, dos en Inglaterra y decenas de discos de oro, platino y diamante. Es probablemente el mejor disco de Pink Floyd, con más de 30 millones de copias vendidas, batiendo todos los records de permanencia en las listas de éxitos de Estados Unidos (más de diez años en el Billboard), donde figura entre los 25 discos más vendidos de todos los tiempos. El álbum es además uno los más plurales de la banda, con tres temas firmados exclusivamente por Waters («Money», «Brain Damage» y «Eclipse»), dos por Wright («Us and Them» y «The Great Gig in the Sky», con Clare Torry), uno por Gilmour y Wright («Breathe»), otro por Gilmour y Waters («On the Run»), otra más por Gilmour, Mason y Wright («Any Colour You Like»), un instrumental de Mason («Speak to Me») y otro por todos los componentes de la banda («Time»). La producción corrió a cargo de Alan Parsons, que obtuvo un Grammy por ello, y del diseño gráfico se encargó una vez más el equipo de Hipgnosis, que creó la famosa portada negra con el prisma refractando luz, un icono del diseño de carátulas discográficas, obra de George Hardie, miembro de Hipgnosis.

Durante el mes de marzo realizan una gira presentando el disco por Estados Unidos, con un primer concierto en el Cobo Hall de Detroit al que seguirán una sucesión de shows a uno y otro lado del Atlántico, marcando una de las épocas de actividad más febril del grupo, en la que desta-

La archifamosa portada de *Dark Side of The Moon*, obra de George Hardie, miembro del estudio de diseño Hipgnosis.

can dos conciertos celebrados en el Earls Court de Londres el 18 y 19 de mayo, en el que estrenan por primera vez el número de la réplica del avión que se estrella sobre el escenario. El tour cosecha un éxito de público clamoroso y los conciertos incluyen por primera vez artistas ajenos a la banda, como el saxo Dick Parry y las coristas Mary Ann, Phyllis Lindsey y Nasawa Crodwer. Coincidiendo con esta gira, el 23 de junio Capitol Records saca al mercado una versión en single de «Money», un tema que se convierte en un superventas de inmediato. Tras una parada para las vacaciones de verano y atender una serie de compromisos, en noviembre regresan a la carretera para reanudar la gira, en la que encuentran un hueco para participar en el Rainbow Theatre de Londres, en el concierto de homenaje al batería de Soft Machine, Robert Wyatt, paralítico a causa de un accidente.

La historia de Pink Floyd puede dividirse entre el antes y el después de *Dark Side of The Moon*, que abandona para siempre la etiqueta de grupo underground para entrar por la puerta grande al olimpo del rock. El álbum entierra definitivamente la etapa psicodélica de Syd Barrett, según las palabras del antiguo mánager y socio de la banda Peter Jenner, recogidas por Schaffner en su libro sobre la banda: «Es, sin duda alguna, uno de los grandes discos de rock. Aunque en su mayoría se refiere a Syd, éste es también el disco con el que se desprendieron de él». Sin embargo, la sombra del diamante loco es alargada y no acabará de desaparecer jamás. Como remate de ese decisivo año de 1973, el 15 de noviembre se produce el lanzamiento del álbum *A Nice Pair*, un doble vinilo que, excepto tres o cuatro cambios, es básicamente una reedición de los dos primeros álbumes de la banda, *The Piper at the Gates of Dawn* y *A Saucerful of Secrets*, que dada su escasa repercusión se convierte en un mero ejercicio de nostalgia que sirve para demostrar la impresionante evolución de la banda desde los viejos tiempos de la psicodelia.

La alargada sombra del diamante

(1974-1975)

En 1974 un decrépito Syd Barrett, decide volver a casa de su madre, aunque sigue regresando a Londres de cuando en cuando, mientras en las tiendas de discos vuelven a sonar «Astronomy Domine», «Matilda Mother» o «Chapter 24». Las canciones que había compuesto ocho años atrás son descubiertas por una nueva generación de jóvenes aficionados en el recopilatorio *A Nice Pair*, que había sido puesto a la venta a finales del año anterior, con los dos primeros discos de la banda. Muy pocos podrían reconocer en aquel individuo gordo y enfermizo al joven que una década antes había sido la estrella de la psicodelia londinense. De hecho, ese año se produce la última tentativa de Syd en el mundo de la música, cuando un grupo de admiradores, encabezados por David Bowie, convencen a la discográfica EMI de que le organizase unas jornadas de grabación en los estudios de Abey Road pero al cuarto día decidieron abandonar ya que el antiguo líder de los Floyd demostró ser incapaz de hacer nada publicable.

El álbum *A Nice Pair* les había servido a los Pink Floyd para ganar tiempo mientras no se decidían a ponerse a trabajar en serio y sacar un nuevo disco después de *The Dark Side of the Moon*, la obra que les había traído la fama y la fortuna que tanto anhelaban. Después de una extenuante gira de año y medio, los Floyd se lo toman con calma y se dedican de lleno a sus vidas personales. Su universo ya no es el de las jóvenes y alocadas estrellas de la psicodelia. Richard Wright tiene dos hijos, Nick Mason una, O'Rourke otros dos, Gilmour acaba de conocer a Ginger, la mujer que se convertirá en madre de sus cuatro hijos. Quieren tiempo para ellos. Ahora tienen dinero y pueden permitirse el lujo de tomarse un respiro.

En el otoño del año anterior habían estado trabajando en los estudios de Abbey Road en una proyecto indefinido, y prácticamente indefinible, un presunto disco creado exclusivamente a base de sonidos, sin intervención de instrumentos musicales. Durante unos meses se divirtieron grabando y sampleando ruidos de sierras, martillos, cristales rotos, agua vertida o motores de electrodomésticos. Pero en enero del 74 se cansan de jugar y deciden dar carpetazo a *Household Objects*, que era como se iba a llamar un proyecto en el que habían invertido demasiado tiempo sin más resultado que una colección de grabaciones carentes de sentido. Pero eso no les preocupa. En realidad ese será su primer año de descanso. Se dedicarán a coleccionar guitarras, coches y casas en lugares paradisíacos. Ni grabarán disco ni realizarán giras y apenas actuarán; solo lo necesario para cumplir con las obligaciones contraídas en sus contratos. Y eso será el principio de un nuevo modelo de trabajo para la banda, convertida ya en una empresa que se tomará su tiempo para diseñar y trabajar sus productos y los discos serán más elaborados y se irán espaciando en el tiempo. Si en sus primeros siete años de carrera han sacado ocho álbumes de estudio, en las cuatro décadas que les separan hasta el último solo sacarán siete.

La falta de un proyecto común facilita que cada miembro de la banda dé rienda suelta a su creatividad por separado. Gilmour decide apadrinar la entrada en EMI de una joven cantante de 16 años que se llama Kate Bush, a la que graba algunas canciones e incluso toca la guitarra en una de ellas, «Passing Through Air», que acabará en la cara B de un single de Kate seis años después. Además, produce *Blue Pine Trees*, el primer álbum de Unicorn, considerado una joya del rock de los años 70 y también colabora con Sutherland Brothers and Quiver, sustituyendo al guitarrista Tim Renwick durante una enfermedad. Por su parte Nick Mason, además de comprar todo cuanto coche antiguo se le pone a tiro, colabora en *Rock Bottom*, el primer disco en solitario de Robert Wyatt, el batería de Soft Machine, quien comenzaba una nueva carrera después de haber conseguido superar parcialmente una parálisis a causa de un grave accidente. Nick incluso produjo un disco para Principal Edwards Magic Theatre, un grupo de estudiantes de la Universidad de Exeter, en el que había músicos, bailarines y técnicos de sonido e iluminación y que probablemente al batería de Pink Floyd le recordaron los viejos tiempos de la escuela de arquitectura de Regent Street.

Pero todo eso solo significaba que la banda estaba sucumbiendo a una sensación de hastío, provocada por la propia intensidad de su meteórica carrera. Comenzaba a cundir el aburrimiento y la tentación de la vida fácil. Waters, que sigue componiendo pero a un ritmo mucho más lento de lo habitual en él, es el primero en reaccionar ante una situación que puede estancar el futuro de la banda y comienza a trabajar en un nuevo y personal proyecto.

El 14 de junio realizan una pequeña gira de desentumecimiento por Francia, o como la define Mason, «una penitencia por cierta codicia previa», en la que presentan tres temas nuevos, o más bien tres embriones: una primera versión de «Shine On You Crazy Diamond», un poema de Waters con música de Gilmour que se ha convertido en la canción de homenaje a su viejo camarada Syd –que es el acrónimo del título de la canción– y que protagonizará alguno de los momentos más emotivos y más brillantes de la futura

Roger Waters en los estudios de Abbey Road, Londres, en 1974.

historia de la banda, un tema titulado «Raving And Drooling», que acabaría convirtiéndose en «Sheep» y «You Gotta Be Crazy», que evolucionará a «Dogs». El día 26 celebran un concierto en el Palais des Sports de la Porte de Versailles, en París, con el que dan carpetazo definitivo a las presentaciones de *Dark Side of the Moon* y, quizá sin saberlo, cierran una etapa de su carrera. Aquella gira estaba patrocinada por una marca francesa de refrescos y buena parte de la misma tuvo como actividad primordial hacerse fotos publicitarias, lo que reveló también la dualidad que en adelante marcará muchos debates internos en la banda: el equilibrio entre la música como arte y el espectáculo como negocio.

En el mes de noviembre las cosas comienzan a moverse un poco más. Comenzaron a crear las proyecciones para una nueva pantalla circular gigante, con imágenes grabadas para acompañar las canciones y dibujos del famoso ilustrador Gerald Scarfe, que acabaría siendo una importante pieza del espectáculo *The Wall*, y se comienza a crear toda la maquinaria del futuro show, que incluye una bola gigante giratoria para reflejar luces e imágenes. Incluso editaron un comic que se vendía por 15 peniques con historietas protagonizadas por caricaturas de los miembros del grupo, en las que Waters era un justiciero llamado 'Rog of The Rovers', Gilmour el motorista macarra 'Dave Derrong', Wright el playboy `'Rich Right' y Mason el héroe de la marina 'Capitan Mason RN'.

El 4 de noviembre comienza en el Usher Hall, Edimburgo, Escocia, una gira de 20 conciertos por Gran Bretaña. Durante la última parte del año los Floyd retornan al trabajo habitual, la BBC graba y retransmite su actuación en el Empire Pool de Wembley el 16 de noviembre y tres días después se presentan en los jardines Trentham, de Staffordshire, donde celebran un concierto del que se extraerá un disco pirata que durante un tiempo circulará como si fuese el nuevo lanzamiento del grupo. Pero la gira no respondió a las expectativas de la banda, que por fin disponía de sobrados medios para montar el espectáculo que más les gustase, pero no estaban nada cómodos con lo que hacían. Mason recuerda aquellos días como un período sombrío para la banda a causa de su propia actitud y los problemas con el equipo: «Como grupo también estábamos demostrando una notable falta de compromiso respecto a la aportación requerida. Parecíamos estar más interesados en reservar canchas de squash que en perfeccionar nuestro repertorio. Como consecuencia, nuestros conciertos eran una mezcla completamente errática de lo bueno y lo malo (y en ocasiones lo feo), tanto en lo técnico como en lo musical». Para complicar más las cosas, en plena gira la banda perdió a su road manager, Peter Watts, que los abandonó debido a sus graves problemas con la heroína.

Por aquellos días los Floyd inauguraron un nuevo tipo de relación con la prensa, que en realidad se basaba en no tener ninguna relación. Nunca habían llevado bien las críticas y la ligereza con que la prensa británica trataba sus asuntos y aireaba su vida personal y a partir de entonces se negaron a conceder entrevistas, excepto en casos puntuales y siempre por motivos promocionales, lo que no entusiasmó precisamente a los periodistas y no contribuyó a que los tratasen mejor. El que más había insistido en esa decisión era Waters, el creador, el que peor aceptaba las críticas a sus obras. El *New Musical Express* encabezó una campaña que dejó por los suelos la gira de Pink Floyd, que calificaron de aburrida, lenta y sobre todo, desdeñosa con el público que parecía importarle muy poco al grupo, una acusación que escucharían, sobre todo Waters, más de una vez a lo largo de su carrera.

Por fin, a principios de 1975 la banda regresa a los estudios de Abbey Road, donde comienzan a trabajar con «Shine On You Crazy Diamond», que acabaría divida en cuatro partes, como tema principal para construir un nuevo álbum, que escribirá Waters en toda su extensión, tal y como temía el resto de la banda. Gilmour se quejaba del egocentrismo de Roger desde que en el disco *The Dark Side of the Moon* había decidido que sería él el que escribiría las canciones de la banda e interpretó, al igual que Mason y Wright, que en adelante su misión sería la de participar en la parte musical, e incluso eso con reservas. Desde luego, Roger no estaba dispuesto a ceder y así se gestó un conflicto personal que marcó la historia del grupo durante los siguientes diez años. El 8 de abril comienza en Vancouver la gira conocida como el tour de Wish You Were Here en la que se irán perfilando los temas del próximo álbum de la banda. En este concierto se estrena una nueva composición, «Have a Cigar», que acabará integrándose en el disco. El 26 de abril actúan en al Sports Arena, de Los Ángeles, y regresan a casa para seguir trabajando en el disco.

El regreso de un extraño

El día 5 de junio Inglaterra vive una jornada histórica, sus ciudadanos están llamados a las urnas para votar en referéndum si quieren seguir perteneciendo a lo que entonces se llamaba la Comunidad Económica Europea, luego conocida como Unión Europea. En aquella ocasión los ingleses decidieron permanecer en el seno de las instituciones europeas, pero para el mundo del rock el momento histórico se produce en los estudios de Abbey Road, donde los Floyd tuvieron un encuentro con su propio pasado. El día estaba cargado de compromisos; se celebraba la boda de David Gilmour con Ginger y además había que pasar por el estudio para hacer todavía algunos retoques antes de partir hacia Estados Unidos para completar la segunda parte de la gira por Norteamérica. Cuando los componentes del grupo están enfrascados en las mezclas de «Shine on you Crazy Diamond», y como si de un conjuro se tratase, aparece en el estudio un individuo "gordo, calvo y lunático", como lo definió Roger Waters. Al principio nadie entendió su presencia ni supo de quién se trataba, hasta que abrió la boca y dijo: «Soy Syd». Sí, para pasmo de todos los que se encontraban allí, aquel tipo avejentado, vestido con una arrugada chaqueta blanca y una bolsa de plástico en las manos, era su viejo amigo Syd Barrett, su antiguo e irreconocible líder, al que no veían desde hacía siete años. Una vez más recurrimos al testimonio de Mason para describir aquel momento con las palabras de un testigo presencial: «Mi recuerdo no era tanto el del Syd colgado que había dejado el grupo en 1968, sino más bien el del personaje que conocimos cuando vino a Londres desde Cambridge, el que tocaba esa Fender Squire característica con sus discos reflectantes, el que tenía un armario lleno de camisetas de Thea Porter e iba acompañado de su hermosa novia rubia. Ahora no parecía un hombre que tuviera ningún amigo en absoluto, Su conversación era intermitente y no se entendía del todo, aunque para ser justos, no creo que ninguno de nosotros fuera especialmente elocuente (….) Su repentina e inesperada llegada hizo que rememoráramos toda una etapa de la vida del grupo. Uno de los sentimientos que afloró fue el de culpa».

De aquel encuentro han quedado muchas versiones y cada uno lo contó luego a su manera, pero hay una frase en la que coinciden todos, la del resumen de su vida por entonces que le dijo al técnico Phil Taylor –o a Andrew King, que en eso no se ponen de acuerdo ninguno de los presentes–: «Bueno, tengo una tele en color y una nevera. Tengo algunas chuletas de cerdo en la nevera, pero las chuletas se esfuman, así que tengo que seguir comprando más». Aunque dijo algo vago respecto a que estaba listo para volver a aportar algo a la banda, el antiguo líder ni siquiera reaccionó cuando le hicieron escuchar el tema que le habían dedicado y no entendió que quisieran escucharlo dos veces. El diamante había perdido todo su brillo. La despedida fue bastante triste. Syd los acompañó al bar de la discográfica EMI para celebrar la boda de David, pero se mantuvo apartado de todos en una fiesta en la que nadie le reconocía. Esa inesperada visita dejó una enorme impresión en el ánimo de Waters, que no solo hizo leves cambios en el tema «Shine On», sino que remodeló sobre la marcha todos los planes de grabación, lo que provocó serias discusiones en la banda y un debate sobre los temas del futuro disco –en especial sobre la división de «Shine On You Crazy Diamond» en cuatro partes– que perdió Gilmour y ganó Waters. Finalmente los temas «Raving and Drooling» y «Gotta Be Crazy» fueron definitivamente descartados y fueron sustituidos por «Welcome to the Machine» y «Wish You Were Here», dos canciones inspiradas también en Barrett.

El 13 de junio reanudan la gira norteamericana en Philadelphia y durante el resto del mes actúan en el Nassau Coliseum de Long Island, Nueva York, el Boston Gardens, el Autostade de Montreal y el Ivor Wynne Stadium de Ontario. El 5 de julio participan en el Festival de Knebworth, donde ponen fin a la gira de ese año y donde tienen prevista una espectacular actuación para hacer una presentación de los temas de *Wish You Were Here* antes de la salida oficial del álbum, pero una serie de errores y un absurdo incidente mandan al traste todos los espectaculares preparativos. El montaje de Pink Floyd, con decenas de camiones, plataformas, máquinas de luces y sonido, se vuelve muy complicado en el marco de un festival multitudinario compartido con otras cuatro bandas: The Steve Miller Band, Captain Beefheart y Roy Harper. Además la obsesión organizativa de Waters ha obligado a milimetrarlo todo para que dos aviones de combate de la Segunda Guerra Mundial sobrevuelen el escenario justo al comienzo de la actuación de los Floyd. La tensión aumenta, los nervios afloran y para acabar de complicarlo todo, Harper coge un enfado descomunal cuando desaparece su vestuario y se lía a golpes con una furgoneta de los Floyd provocando un retraso que desordenaría todo el show y arruinaría la macro presentación

La icónica imagen del LP *Wish You Were Here*, noveno álbum de Pink Floyd.

Tras el receso veraniego, el 12 de septiembre se produce el lanzamiento de *Wish You Were Here*, su noveno álbum de estudio, una obra conceptual pensada y escrita exclusivamente por Roger Waters, compuesta por cinco cortes: «Shine On You Crazy Diamond (Parts I–V)» y «Welcome to the Machine», en la cara A, y «Have a Cigar», «Wish You Were Here» y «Shine On You Crazy Diamond (Parts VI–IX)», en la cara B. La temática abarca desde la crítica a la mercantilización despiadada de la industria musical, a la incomunicación, la soledad, la ausencia y los problemas mentales de su antiguo líder, Syd Barrett. El álbum se comercializó con una arriesgada apuesta de Storm Thorgerson, que diseñó una funda negra y opaca que tapa la portada en la que dos hombres de negocios, uno de ellos ardiendo, se dan la mano en una zona industrial.

El lanzamiento es simultáneo en Gran Bretaña y Estados Unidos, donde cuentan con nueva distribuidora, Columbia Records, una filial de CBS. En ambos países se aupó inmediatamente al número uno de las listas y se convirtió en disco de oro y platino hasta en más de seis ocasiones. En Inglaterra fue tal la demanda que la discográfica EMI se quedó sin existencias y tuvo que informar a las tiendas de discos que inicialmente solo podía hacer frente a la mitad de los pedidos. A pesar de su éxito comercial el disco recibió originalmente bastantes críticas negativas, acusándolo de falta de imaginación y sinceridad, como afirmó *Melody Maker* o, curiosamente, de ausencia de pasión, como fue el caso de *Rolling Stone*, una publicación que sin embargo acabó incluyéndolo en el puesto 209 de los mejores 500 álbumes de la historia, mientras que otras publicaciones como la revista británica *Q* lo colocaron en el puesto 43 de los 100 mejores álbumes británicos de todos los tiempos.

La leyenda del cerdo volador

(1976-1978)

A mediados de febrero de 1976, la revista *New Musical Express (NME)*, que en su día había publicado una de las primeras reseñas sobre Pink Floyd tras su primer concierto en el Roundhouse, publica una nota sobre la actuación de un grupo de chavales que se hacen llamar Sex Pistols y que han causado furor en su primera actuación en el club Marquee. Uno de sus componentes, Steve Jones, declara a la revista cuál es su principio fundacional: «No nos va la música. Lo nuestro es el caos». El Marquee, el viejo templo de la psicodelia y el rock progresivo, se convierte desde entonces en la incubadora de un nuevo movimiento musical, el punk, que llega con la intención de arrasarlo todo y en especial el rock de los viejos dinosaurios de los 60, representados en todo su decadente esplendor por los Pink Floyd. Ese mismo año saltan a la palestra otros dos futuros puntales del movimiento punk, The Clash y The Damned, pero los genuinos representantes del odio contra todo lo establecido son Sex Pistols. De hecho, uno de sus miembros más populares, John Lydon, más conocido como Johnny Rotten, había sido reclutado para la banda un día que llevaba puesta una camiseta de Pink Floyd sobre la cual había escrito a mano las palabras 'I hate' (Yo odio) y perforada donde estaban los ojos de los miembros de la banda. Curiosamente Sex Pistols también aportarían otro diamante loco y maldito de la historia del rock, el otro Sid, Sid Vicious.

Habían pasado solo diez años desde que los Floyd eran los amos de la noche en el Marquee, pero nada en la sociedad británica recordaba esa época. A la alegría contracultural del Swinging London, con su moda extravagante pero cuidada que había sacudido los cimientos estéticos de la conservadora sociedad británica, le había sucedido una década después un movimiento que consideraba la elegancia una blasfemia y que no quería cuestionar el sistema, sino derruirlo. Incluso la palabra 'hippie', que tan bien había identificado a los grupos de finales de los 60 y principios de los 70, era el insulto más despreciativo de los punks, que adoraban las anfetaminas tanto como aborrecían los ácidos, aunque a la hora de la verdad no le hacían ascos a nada. La acomodada y conservadora sociedad británica se había convertido en una década en un país sacudido por la crisis económica, las huelgas, el paro juvenil, el aumento de la inmigración, la tensión social y el ascenso de los grupos neonazis y de extrema derecha. Completamente alejados de todo ello, los cuatro integrantes de Pink Floyd llevan una existencia sosegada y el grupo pasa por un periodo de calma. Están enfrascados en la puesta en marcha de sus propios estudios de grabación, instalados en un edifico de tres plantas que se habían comprado con parte de las ganancias del disco *Wish You Were Here* y que estaba ubicado en el número 35 de la calle Britannia Row, nombre que recibieron los nuevos estudios y que todavía conservan a fecha de hoy. La idea era tener un estudio propio en el que manejarse a sus anchas, ahorrar dinero y además ganar unos ingresos extra con el alquiler de los estudios. En realidad solo funcionaron los dos primeros supuestos. Fue allí donde en el mes de mayo comenzaron a trabajar un nuevo disco, una idea de Roger Waters inspirada en el libro de George Orwell *Animal Farm (Rebelión en la granja)*.

Por aquel entonces la banda se encontraba en una encrucijada respecto a su futuro y sus objetivos, con dos visiones enfrentadas. Por un lado estaba Gilmour, que quería una banda que le proporcionase estabilidad económica, fama y libertad creativa para todos los miembros del grupo. Enfrente estaba Waters, que consideraba que era el único que estaba poniendo toda la carne en el asador, arrastrando a unos compañeros poco inquietos y acomodados y que reclamaba a cambio el reconocimiento de su papel de líder y el absoluto control creativo de la banda. Mason y Wright se mantenían casi al margen. En ese caldo de cultivo comienzan los ensayos y las grabaciones del décimo álbum de estudio de los Floyd, *Animals*, en los que emplean el resto del año.

La monotonía de los ensayos se ve sacudida de vez en cuando por sucesos como el robo a principios de la primavera en casa de Gilmour, de donde los ladrones se llevaron guitarras por valor de 6.500 libras (casi 8.000 euros), un dineral para la época, o como el fallecimiento de Peter Watts, antiguo road manager de la banda –y padre de la actriz Naomi Watts– que fue hallado muerto a causa de una sobredosis de heroína en su vivienda, que era propiedad de los Floyd. Roger también sufre su personal sacudida vital al divorciarse de Judy Trim, su amor juvenil, con la que se había casado en 1969. Ese mismo año de 1976, se casa con Lady Carolyn Christie, una joven de la aristocracia que será la madre de dos de sus hijos, Harry e India. A ella está dedicado el tema «Pigs on the Wing», que Roger incluirá en *Animals*, y a ella se debe también que Bon Ezrin se convirtiese en el productor de ese álbum y de muchos venideros, al sugerirle a su nuevo esposo que se pusiese en las profesionales manos de aquel amigo suyo que frecuentaba la *jet set* británica y que manejaba bandas como The King o Kiss y músicos como Lou Reed o Alice Cooper. También la vida familiar de Gilmour registra

Los cuatro integrantes de Pink Floyd hacia 1976, año de la irrupción del punk.

novedades con el nacimiento de Alice, la primera hija de su matrimonio con la modelo Virginia 'Ginger' Hasenbein.

Esta vez las tensiones entre Roger y David afloraron menos que en el disco anterior, influidos por el ambiente familiar de Britannia Row, convertido en un proyecto común de una banda que tenía muy poco en común. En el mes de diciembre las mezclas del *Animals* estaban listas. Bajo la dirección del ingeniero de sonido Brian Humphries, habían reconvertido «Raving and Drooling» y «Gotta Be Crazy», dos temas descartados para el álbum anterior, en «Sheep» y «Dogs» y habían añadido dos temas nuevos: «Pigs (Three Different Ones)» y «Pigs on the Wing», este último dividido en dos partes por una mera cuestión económica, ya que los royalties por derechos de autor se calculaban por canción y Waters no estaba dispuesto a dejar pasar ni una oportunidad de imponer su supremacía. Todos los temas del disco están firmados por el bajista, excepto «Dogs», cuya autoría comparte con Gilmour. Para Wright fue el primer disco en el que no compuso absolutamente nada y, según confesaría más tarde, el primero en evidenciar la progresiva desunión del grupo.

La epopeya de Algie

Con todo el material sonoro preparado, la banda se vuelca en la imagen y el lanzamiento del disco. Esta vez los de Hipgnosis presentan una serie de ideas que incluían una con un niño que sorprendía a sus padres en pleno acto sexual, pero ninguna fue del agrado de la banda y menos de Waters, que fue quien hizo la propuesta definitiva: la decadente imagen de una fábrica abandonada que se hallaba a las orillas del Támesis, la central eléctrica de Battersea, a unos tres kilómetros de Londres. Allí se plantaron con los reporteros gráficos de la prensa el 2 de diciembre para presentar la imagen icónica del disco, *Algie*, el famoso cerdo volador de color rosa, un dirigible de nueve metros de largo que había diseñado Andrew Saunders. Sin embargo las inclemencias del tiempo obligaron a posponer la presentación para el día siguiente. El día 3 se hizo el segundo intento, pero un cúmulo de fatalidades arruinó el acto... o lo hizo entrar en la historia del rock, según como se mire. El grupo había previsto la presencia de un tirador de élite para que disparase al globo y lo desinflase en el improbable caso de que se soltase, pero el tirador no llegó a tiempo y lo improbable se convirtió en hecho consumado cuando se rompió un cable y Algie salió volando por el cielo londinense, para pasmo de los controladores aéreos del aeropuerto de Heathrow y los pilotos de los aviones que trataban de aterrizar en él. Al final el cerdo rosa fue a parar a una granja del condado de Kent, cuyas vacas no se quedaron menos estupefactas que los pilotos. Al día siguiente la noticia estaba en todos los diarios y televisiones y sin pretenderlo los Floyd habían conseguido el mejor de los lanzamientos para su disco, nunca mejor dicho.

La promoción atrajo a una multitud a la fiesta de presentación que se organizó el 19 de enero de 1977 en la propia central eléctrica de Battersea, donde apenas se pudo escuchar la grabación del disco a causa de problemas con el equipo de sonido, pero sobre todo, por culpa del enorme ruido que hacía la muchedumbre, probablemente comentando el vuelo de Algie. El disco sale al mercado el 23 de enero en Inglaterra y 20 días después en Estados Unidos, colocándose en el segundo y tercer puesto de las listas respectivamente. La crítica fue amable con él y destacó especialmente su carácter inconformista, aunque hubo también quienes acusaron a los Floyd de ser un poco cándidos e incluso hipócritas.

El disco es una obra conceptual en su forma –con temas demasiado largos para ser programados por la radio– y está cargado de intención ideológica en su contenido. Arremete contra las debilidades y miserias sociales del sistema capitalista, además de pretender hacer un llamamiento a la rebelión contra el hipócrita sistema moral británico encarnado en Mary Whitehouse, una militante ultraconservadora que creó la primera asociación británica de espectadores y oyentes y que mantuvo en jaque a la propia BBC durante años. Por cierto que el nombre de este personaje estuvo a punto de provocar la censura de su gira por Estados Unidos, ya que las sagaces autoridades norteamericanas relacionaron el apellido de la dama con el nombre de la casa donde vive el presidente norteamericano. Afortunadamente la cosa quedó en nada y la gira pudo completar 55 conciertos de una espectacularidad pocas veces vista hasta entonces. A las habituales proyecciones de imágenes sobre el escenario, los juegos de luces y el humo de colores se añadió esta vez lo que Waters calificó «una gigantesca familia inflable», un montón de globos con forma de cerdos rosas que proporcionaron más de un quebradero de cabeza al equipo de la gira, como durante su concierto en el County Stadium de Milwaukee, donde la explosión de uno de los cerdos voladores que iba a la deriva provocó accidentes de tráfico. Además usaban un cañón que lanzaba ovejas de plástico que caían sobre el público en paracaídas e incluso en un concierto en San Francisco hubo animales vivos detrás del escenario.

Los cuatro miembros de la banda estuvieron acompañados en esta ocasión por solo dos músicos: el guitarrista Snowy White y el virtuoso saxofonista Dick Parry. Atrás quedaban los acompañamientos con coros femeninos tan habituales hasta entonces. El tour In the Flesh, nombre oficial de la gira, comenzó el 23 de enero de 1977, en Dortmund, y después de recorrer 31 ciudades y 10 países, finalizó el 6 de julio en el Estadio Olímpico de Montreal. A medida que avanzaba la gira y se acumulaban los problemas derivados de la enorme y compleja producción del espectáculo, Waters empezó a perder los papeles. Cada día se mostraba más hosco, más agresivo y la comunicación con él era prácticamente imposible. Además, su obsesión por controlarlo todo le impedía disfrutar de los conciertos y no solo le apartaba cada vez más de sus socios y de su equipo, sino que le alejaba cada vez más del público. Además, arreciaron las críticas al espectáculo, como la del célebre periodista musical Tim Lott, que les acusó abiertamente de no mostrar el más mínimo entusiasmo en el escenario y no prestar el más mínimo interés por las reacciones del público, unas reacciones que a veces se salían de tono, como cuando en Frankfurt un grupo de borrachos comenzó a tirar botellas sobre el escenario o cuando en Oregón parte del público comenzó vociferar en medio del concierto y O'Rourke tuvo que convencer a Roger de que no abandonase la gira. Pero todo estalló de la forma más inesperada posible el último día de la gira en Montreal, Canadá, cuando ante la actitud irrespetuosa de un grupo de aficionados Roger se ofusca y cita a uno de ellos para que suba al escenario, sin que pudiese asegurar que formaba parte de los revoltosos, y ante el pasmo de sus propios compañeros y de todo el estadio olímpico, le planta un escupitajo en la cara. Gilmour abandonó el escenario y el concierto acabó de forma precipitada. Aquello supuso una importante ruptura anímica en la banda y fue el germen del futuro disco *The Wall*, en el que Waters partió de la idea de que entre el público y él se estaba levantando un muro infranqueable.

Un cambio de era

El regreso a casa también está plagado de sinsabores. Los negocios requieren cada vez más atención y les roban demasiado tiempo para dedicarse a la música. Se embarcan en todo tipo de aventuras financieras, desde un restaurante flotante a una empresa de alquiler de automóviles, pasando por una distribuidora de monopatines o una cadena de pizzerías, cosas que exasperaban a Roger, que decide recluirse en el campo para comenzar a trabajar en el disco que se convertirá en su obra cumbre: *The Wall*. Mientras tanto, el mundo del rock & roll está experimentando una revolución que amenaza con dejar obsoletas a bandas como los Floyd. Ese verano muere Elvis Presley, cerrando la época pionera del rock & roll y el tema «God Save The Queen» de Sex Pistols llega al número uno en el Reino Unido, anunciando una nueva era musical. El 18 de noviembre sale al mercado *Music for Pleasure*, el segundo disco de la banda punk Damned, grabado precisamente en los estudios Britannia Row y producidos por Nick Mason –aunque ellos hubiesen preferido que hubiese sido Syd Barret, cosa imposible–, el miembro de la banda que menos agredido se había sentido por las invectivas de los punks y que había saludado la llegada de este movimiento con cierta simpatía, como explica en su libro de memorias *Dentro de Pink Floyd*: «Britannia Row no era tan verosímil como el Palacio de Invierno, pero con el movimiento punk nos vimos en el lado equivocado de una revolución cultural, del mismo modo que estuvimos en el lado correcto durante los días del underground de 1966 y 1967. Se había cumplido un ciclo de diez años, y sin duda vendrían más. Los extasiados hippies enrollados de antaño son ahora padres agobiados que se quejan de la banalidad de programas como Pop Idol y las incompresibles letras que salen en el Top Of The Pops»

A comienzos de 1978, se hace evidente la situación de ruptura personal entre los miembros de la banda. Los encuentros son mínimos y cada uno se sumerge en sus propios proyectos. En enero, Gilmour se marcha a Francia para grabar su primer álbum en solitario, titulado precisamente *Dave Gilmour*, en los estudios Super Bear, los mismos en los que también Richard

En 1977, los Sex Pistols arrasan con su «God Save The Queen», número 1 en Reino Unido.

Wright está grabando su ópera prima, *Wet Dream*, en la que emplea solamente una semana. La razón de esta coincidencia es fundamentalmente económica, una especie de exilio fiscal para los músicos que se quejaban amargamente de los elevados impuestos que debían pagar en el Reino Unido por producir un disco. A finales de mayo sale al mercado el disco de Gilmour, que cuenta con la participación de Willie Wilson en la batería, Mick Weaver al piano y Rick Wells al bajo, que junto al propio David a la guitarra se hacen llamar Bullit y actúan en un programa de televisión de la BBC el día 9 de diciembre. Para la portada del disco recurre a sus eternos amigos de Hipgnosis, a los que Waters había dado de lado en el álbum *Animals*. Las críticas alaban el talento musical, la elegancia con la guitarra y la capacidad creativa del guitarrista, y aunque el disco no acaba de atraer la atención entusiasta del público logra un razonable puesto 17 en las listas de éxito británicas. Peor suerte corre el disco de Richard, *Wet Dream*, que es lanzado el 15 de septiembre, también con una portada de Hipgnosis y la colaboración de Snowy White a la guitarra, Larry Steele al bajo, Mel Collins al saxo y Reg Isadore a la batería. El disco pasa prácticamente desapercibido y Wright, que está pasando una mala época a causa de las drogas, desaparece de escena con su esposa Juliette Gale.

En septiembre de 1978 los Floyd, incluido su mánager Steve O'Rourke, descubren que han sido víctimas de una estafa millonaria. De repente descubren por qué todos aquellos estrafalarios negocios en los que invertían cientos de miles de libras, eran en realidad operaciones financieras de alto riesgo, para librarse del pago de impuestos, que estaban entrando en quiebra. No solo estaban perdiendo cantidades ingentes de dinero, sino que ahora debían pagar a Hacienda por unas cantidades que en realidad jamás habían percibido. En ese lío les había metido Andrew Norton Warburg, un joven ejecutivo que desde 1976 llevaba los asuntos financieros e inversores del grupo, cobrando 300.000 libras anuales, una cantidad que no le debió parecer suficiente a tenor de las operaciones en las que se embarcó con dinero ajeno. Resultó que Warburg había estado desviando fondos de las inversiones que otros, entre ellos los Floyd, habían hecho en su compañía, asumiendo riesgos que no pudo afrontar cuando los números rojos se apoderaron de su contabilidad. Al final los Floyd pudieron rescatar una parte ínfima del dinero que habían entregado en depósito y denunciaron a Warburg, que huyó a España dejando colgados a cientos de clientes. Nueve años después regresaría a Inglaterra para cumplir tres años de cárcel. Lo único positivo de todo este asunto fue que la necesidad de dinero volcó a todos los componentes del grupo en el proyecto de un nuevo disco en el que trabaja Roger y que cuenta con un anticipo de EMI y la CBS de más de cinco millones de euros.

En el otoño comienzan las primeras pruebas de posibles temas para *The Wall* en los estudios Britannia Row, sobre las primeras maquetas presentadas por Roger, ya muy avanzadas en sus intenciones, sin que haya mucho espacio para opiniones y contribuciones de los demás integrantes de la banda. Por esos días reclutan a James Guthrie como ingeniero de sonido, que se estrena en una tensa sesión con un Waters cada día más endiosado. De momento, la grabación del disco tendrá que hacerse en Francia para que el grupo pueda poner tierra de por medio hasta que arregle sus asuntos fiscales. A pesar de sus reiterados éxitos, la banda pasa por una situación financiera lamentable, y se avecinan días grandiosos y tiempos muy tormentosos.

Los años del muro

(1979-1982)

En la primavera de 1979 Inglaterra está inmersa en la batalla electoral que desalojará a los laboristas del poder y convertirá en primera ministra a la líder del Partido Conservador, Margaret Thatcher, que abrirá una etapa de reformas traumáticas para el país que le valdrán el sobrenombre de 'La dama de hierro' y que influirán en cierto modo en las diferencias entre los miembros de Pink Floyd que en los años venideros se producirán a propósito de la guerra de las Malvinas. Pero de momento, Waters, Gilmour, Mason y Wright, aunque no pasan ya por un momento idílico, están enfrascados en los trabajos de grabación del que será su próximo e histórico disco: *The Wall*. A principios de la primavera Pink Floyd se trasladan a Francia para seguir con la elaboración del nuevo disco en los estudios Super Bear, ubicados en un idílico pueblo al pie de Los Alpes, muy cerca de Niza. Allí cada uno se instala a su gusto en distintos chalets y trabajan de forma bastante relajada. Roger y Nick comparten vivienda y dan paseos juntos en coche por la zona, mientras Rick y David se mantienen a parte, el primero viviendo en los propios estudios y el segundo en una casa alquilada en las proximidades.

El 9 y 10 de junio Nick Mason participa por primera vez en las 24 Horas de Le Mans con su amigo y mánager Steve O'Rourke. En la descripción que hace de este momento en sus memorias se puede intuir perfectamente el estilo de vida de los miembros de la banda por entonces: «Con las partes de la batería terminadas pude escaquearme a Le Mans. Le di a Roger mi Rolex de oro –un regalo de EMI después de diez años de trabajo no tan duro– para que estuviera a salvo, y Steve y yo partimos embarcados para una misión para el fin de semana. De hecho, fue una gran aventura. Esa fue mi primera experiencia verdadera en las carreras, y fue como meterse en el territorio del Capitán Nemo». Nick disfrutó como un crío compartiendo el *paddock* con ex campeones mundiales, algo que según confesó, le recordaba al *backstage* de Woodstock. De hecho en aquella edición también participaba el actor Paul Newman, otra estrella con reconocida afición por los automóviles. Mason llegó segundo de su categoría y su compañero Steve, al volante de su Ferrari, también consiguió una buena puntuación. El gusanillo de Le Mans se le metió dentro y regresaría al famoso circuito en tres ocasiones más: 1980, 82 y 84.

Pero en los estudios Super Bear la tensión sigue aflorando. Wright tuvo más de un enfrentamiento con Waters, quien le acusó de no estar colaborando lo suficiente al negarse a acortar sus vacaciones para grabar partes del piano. Además, Rick había pedido ser uno de los productores del disco, pero se mantenía bastante al margen mientras Bob Ezrin y Roger llevaban las riendas de la grabación. Roger comenzó a erosionar a Rick, que se aisló todavía más y comenzó a trabajar mucho tiempo solo durante la noche. Las relaciones entre el teclista y el bajista se empezaban a resquebrajar y las cosas no hicieron otra cosa que empeorar.

En medio de este ambiente, la salida al mercado el 4 de agosto de «There's No Way Out Of Here» el single extraído del disco en solitario lanzado en mayo del año anterior por David Gilmour, pasa prácticamente desapercibida, excepto para el propio interesado, que sigue inmerso en su duelo personal con Waters. Sin embargo el sencillo acabó logrando un excelente tercer puesto en las listas inglesas. A mediados de agosto, tras unas breves vacaciones veraniegas, los Floyd se trasladan a California para seguir trabajando el disco en los estudios Producers' Workshop de Los Ángeles. Una decisión que tenía más que ver con los problemas fiscales que atravesaba la banda en Inglaterra, que con las necesidades de producción. Es allí donde se produce el despido de Wright de la banda, pero las versiones sobre cómo se desarrollaron los hechos difieren dependiendo de quién las cuente. Según Nick Mason, Roger llamó a O'Rourke mientras éste viajaba plácidamente en el transatlántico Queen Elizabeth II, para exigirle que despidiese al teclista inmediatamente, antes de que el propio Waters llegase a Los Ángeles. Como mucho, le permitiría quedarse como músico de estudio hasta que se acabase el álbum. Según Mason, Rick aceptó casi con alivio descargarse de las responsabilidades de la producción. A pesar del tono irónico que emplea en su memorias –afirmando que gracias a su despido como miembro de la banda y pasar a ser un asalariado, Rick fue el único que cobró– el batería reconoce que sus propias relaciones con Waters, a quién consideraba un amigo próximo, se iban deteriorando a pasos agigantados por el empeño del bajista en convertirse en el líder único y absoluto del grupo. Según la versión de Wright recogida por Nicholas Schaffner en su libro *La odisea de Pink Floyd*, la decisión de Waters era un asunto estrictamente privado: «Roger y yo no nos llevábamos bien. Era algo personal. Cualquier cosa que yo trataba de hacer, él decía que estaba mal. En realidad, para mí era imposible trabajar con él». Según el teclista, Roger le puso entre la espada y la pared: o se quedaba como un asalariado o el bajista anulaba el proyecto *The Wall*.

Ante la posibilidad verse privado de los ingresos por el disco, Rick acabó aceptando. Esta versión coincide con la del productor Bob Erzin que, a pesar de ser muy crítico con el trabajo del teclista, reconoce que Wright era víctima de la inquina de Waters: «No importa qué hiciera Rick, a Roger nunca le bastaba. Para mí estaba claro que Roger no quería que nada le saliera bien». Sin embargo el ingeniero de sonido Nick Griffiths recuerda que Wright había perdido el interés por el proyecto de la banda: «Estaba más interesado en su tiempo libre, en navegar por las islas griegas y darse la gran vida de una rica estrella del rock and roll». Del único que recibió apoyo, aunque tibio, fue de David Gilmour, que al regreso de sus vacaciones en Irlanda, cuando se enteró de la amenaza de Rogers, intentó mediar en el asunto y convencer al bajista de que reconsiderase su actitud, algo que, como todo sabemos, no sucedió nunca. La versión del propio Rogers no deja en muy buen lugar a Gilmour, quien según el bajista, le propuso deshacerse también de Nick Mason. Lo cierto es que ni el batería ni el teclista figurarían como autores en los créditos finales del disco.

Las cosas comenzaban a ponerse especialmente tensas entre los fundadores del grupo, algo que salpicaba también al mánager Steve O'Rourke, al que Waters había puesto también en el punto de mira por el tema de la estafa de Warburg el año anterior. Y no era el único. Storm Thorgerson, el amigo de los días de juventud y el hombre que, junto a su equipo Hipgnosis, había

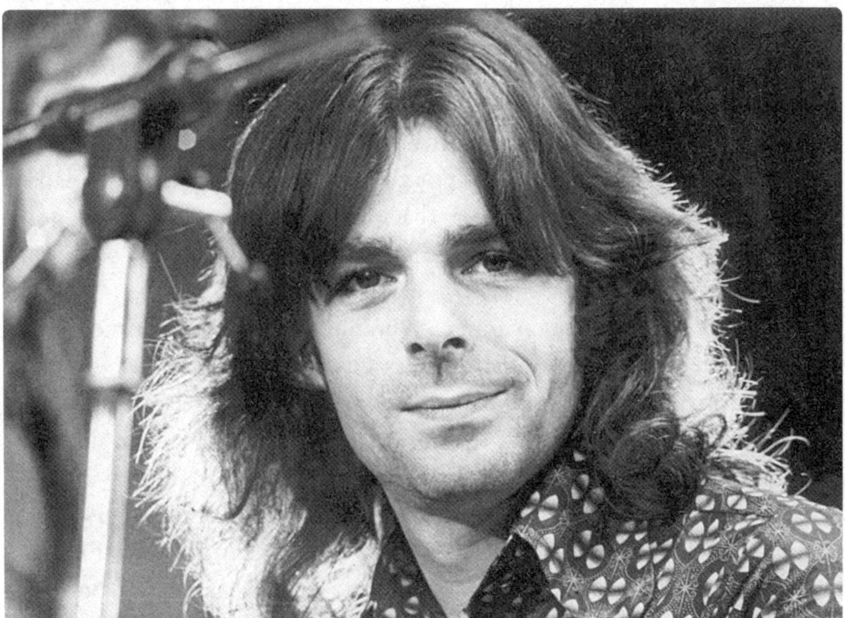

Rick Wright, teclista y co-fundador de Pink Floyd.

diseñado y producido las legendarias portadas de sus discos, fue apartado de esas labores y Waters eligió el sobrio pero eficaz diseño de un muro en blanco con el nombre de la banda pintado en negro. Afortunadamente para ellos, nada de esto estaba trascendiendo a la opinión pública.

Los cimientos del muro

En California los Floyd, sobre todo Roger Waters, entablaron amistad con los Beach Boys e incluso se les propuso participar en un par de temas, algo que se quedó reducido a la colaboración del bajista Bruce Johnston. Mientras Waters, Gilmour y Ezrin seguían con las mezclas del disco, Nick Mason se marcha en octubre a Nueva York para dedicarse a la grabación del que será su primer álbum en solitario, *Nick Mason's Fictitious Sports*, que hizo en colaboración con la cantante y compositora Carla Bley, autora de las canciones, y su esposo, el músico de jazz Mike Mantler y que verá la luz dos años después. En paralelo, los trabajos para sacar el disco iban a marchas forzadas para cumplir los plazos previstas con la discográfica y el 16 de noviembre sale al mercado el primer single, el histórico «Another Brick in the Wall, Part 2», con «One of My Turns» en la cara B. Se trata de una canción muy crítica con el sistema educativo, que incluye la grabación de unos niños de un colegio próximo a los estudios de Britannia Row, que había grabado Nick Griffits cantando estrofas de la canción. Este hecho, que podría parecer meramente anécdotico, desató una oleada de protestas y noticias sensacionalistas por la utilizacón de unos niños por parte de una millonaria y despiadada banda de rock, a pesar de que la grabación contaba con el visto bueno de la escuela. Afortunadamente, todo se solventó ofreciéndole al colegio una compensación económica.

El single se convierte en un auténtico bombazo y se aúpa al primer puesto de las listas de Estados Unidos e Inglaterra. El disco es casi una excepción en la trayectoria de la banda, poco dada a editar sencillos como respaldo comercial de sus discos, pero esta vez el éxito del single fue un adelanto de lo que sucedería catorce días después, el 30 de noviembre, con la salida al mercado del álbum *The Wall*. Solo en Gran Bretaña, medio millón de personas se compraron el disco en el primer mes después de su lanzamiento. El álbum fue número uno en Estados Unidos durante quince semanas y logró una tercera posición en las listas británicas. Fue el disco de moda aquellas navidades y 24 años después la revista Rolling Stone incluyó el tema «Another

Brick in the Wall, Part 2» en el puesto 375 en su lista de las 500 canciones más grandes de la historia. Con el tiempo se convertirá en el segundo disco más vendido de la banda, por detrás de *The Dark Side of the Moon*. La crítica se mostró básicamente sorprendida, aunque no demasiado entusiasta. Para Rolling Stone era un disco «muy difícil», Melody Maker dijo que era «más tedioso que conmovedor» y The Village Voice llegó a calificarlo de «cursi». Sin embargo, el prestigioso crítico de rock Timothy White dijo que era una obra audaz y profundamente conmovedora. Lo cierto es que no dejó indiferente a nadie y acabó convirtiéndose en uno de los discos más importantes en la historia del rock.

Tras el clamoroso éxito inicial de ventas, la discográfica CBS, que había acogido el disco con muchas reticencias, decide presionar a la banda para que ponga en marcha la promoción y a principios de 1980 empienzan los ensayos para la gira de presentación que comienza el 7 de febrero en el Sports Arena, de los Los Ángeles, California y que acabará el 17 de junio de 1981 en el Earls Court de Londres. En principio, Waters y el ilustrador Gerald Scarfe habían ideado un montaje exorbitante, con un banda de imitadores enmascarados –con Snowy White a la guitarra, Pete Woods en los teclados, Andy Bown al bajo y Willie Wilson a la batería; a los que apodaron «el grupo sucedáneo» y que debían abrir los conciertos–, un muro de ladrillo de diez metros de alto y 78 de ancho, que se construía a medida que avanzaba la primera parte del concierto para ser demolido en la segunda, un puente levadizo y una pasarela sobre el muro, y todo ello, proyectores gigantes incluidos, iba montado en una sala de conciertos portátil, que había bautizado como La Babosa, con una capacidad para cinco mil personas. Pero la logística y los costes de producción de semejante proyecto obligaron finalmente a aparcarlo y reducir la gira a 31 conciertos en cuatro ciudades: Los Ángeles, Nueva York-Uniondale, Dortmund y Londres.

El primer concierto de la gira ya puso a prueba la eficacia del equipo humano que debía manejar aquella impresionante maquinaria que incluía el famoso cerdo inflable volador, unas réplicas de aviones que se estrellaban sobre el mismo escenario en el que se proyectaban los montajes audiovisuales de Scarfe, fuegos artificiales, marionetas gigantes y el descomunal muro de ladrillos de cartón. Justo al comienzo del concierto de Los Ángeles los fuegos artificiales incendiaron una parte del telón y el espectáculo fue detenido para extinguir el fuego. Lejos de ser un problema, el incidente se sumó a la espectacularidad del show, ya que la mayoría del público creyó que formaba parte de aquel asombroso y nunca visto montaje. Pero todo aquello tenía un

El single *The Wall* se convierte en un auténtico bombazo y sube al primer puesto de las listas de Estados Unidos e Inglaterra.

precio y antes de comenzar, la gira había costado ya un millón y medio de dólares. Debido al éxito del montaje en la primera parte del tour americano, los Floyd recibieron una oferta para un par de conciertos en Philadelphia, por la jugosa cifra de dos millones de libras (2.400.00 euros), pero Waters se opuso firmemente a la propuesta, que fue rechazada con gran disgusto por parte del resto de la banda y su equipo, que llegaron a pensar en realizar el concierto sin el bajista.

Pero Waters tenía otros planes. El 9 de agosto finaliza la primera parte de la gira con seis conciertos en el Earls Court de Londres y los miembros del grupo se retiran a descansar a sus residencias; todos menos Roger, que pasa el resto del año preparando la segunda parte de la gira y sobre todo la película que tiene in mente. *The Wall* se convierte en el gran espectáculo musical de 1980, un año que vive una resurrección del rock progresivo con la reciente aparición de bandas como Marillion, Quasar o Pendragon. Sin embargo, para los integrantes de Pink Floyd y para el resto del mundo musical, el año acaba de forma trágica con la noticia del asesinato de John Lennon el 8 de diciembre en Nueva York.

El 13 de febrero de 1981 la gira se reanuda en Dortmund, Alemania, donde ofrecerán ocho conciertos antes de tomarse un respiro y rematar la gira en Londres. Mientras, el disco sigue cosechando éxitos allá donde se edita, aunque algunas veces su contenido le pueda provocar problemas de censura, como sucedió en el mes de abril con el lanzamiento en Argentina, sometida por entonces a una férrea y sangrienta dictadura militar, donde se eliminaron tres temas del disco: «Another Brick in the Wall (Part 2)», «The Happiest Days Of Our Lives» y «Mother». El disco también fue censurado en Sudáfrica, donde los estudiantes negros que se manifestaban en contra del apartheid lo adoptaron como himno en sus protestas. Entre el 13 y el 17 de junio se celebran en el Earls Court los últimos conciertos de *The Wall*. El concierto de despedida del tour sería también la última vez que David Gilmour, Roger Waters y Nick Mason tocarían juntos en 24 años. Por entonces las malas relaciones entre Waters y Gilmour habían emprendido un camino sin vuelta atrás.

La película de una época

La grabaciones de estos últimos conciertos de la gira estaban destinadas a formar parte de la película que Waters y Scarfe planifican en el estudio de este último, donde elaboran los primeros bocetos y el storyborad, con los que preparan un proyecto en el que el bajista figura como protagonista del film, algo que se convertiría en el primer problema con el que tuvo que lidiar Alan Parker, el flamante director de *Midnight Express (El expreso de medianoche)*, que acaba de dirigir *Fame (Fama)* y que decidió incorporarse al proyecto después de ver a Pink Floyd actuando en Londres en la primera parte de la gira. Parker se puso en contacto con EMI, cuyos ejecutivos eran muy escépticos respecto a las posibilidades de una película y le dieron el teléfono de Waters. Tras unas semanas de tanteo, en las que Parker se limitó a dar ideas sobre el posible film, Waters le invitó a convertirse en el director, con Scarfe y Michael Seresin como subdirectores, aunque éstos no duraron demasiado en sus respectivos puestos y Parker acabó a los mandos del proyecto, en una batalla constante con Roger Waters, que alternaba el trabajo de grabación de la banda sonora con las visitas al plató para marear al director con todo tipo de indicaciones sobre el rodaje. La falta de entusiasmo de EMI obligó a Parker y Waters a buscar el apoyo de la Metro-Goldwyn-Mayer, que aceptó distribuirla si los Floyd ponían parte de los 12 millones que costaba la producción, algo que tampoco despertó el entusiasmo de Gilmour y Mason, que participaban en el proyecto de una forma casi residual.

Después de que Parker convenza a Roger de que el papel protagonista lo interprete Bob Geldof, el cantante de The Boomtown Rats, en septiembre comienza un rodaje plagado de anécdotas y tensiones entre el creador de la película y su director, ambos endiosados en sus propios papeles y poco dados al diálogo, o tal como lo definía Geldof «un campo minado sembrado de egos a punto de estallar». Geldof se acaba mimetizando en un papel que apenas tiene diálogos y acaba aportando una gran intensidad a la película que Mason recuerda como un despliegue de incidentes, como el rodaje de la escena de la piscina en la que Geldof pasó un mal rato por no saber nadar, el accidente de un avión Stuka que se precipitó al mar, o la participación de

Bob Geldof en una escena de la película *Pink Floyd-The Wall* (1982), de Allan Parker.

2.000 skinheads medio borrachos en la escena del mitin. Quizá quien guarde mejor recuerdo de la película sea el mánager Steve O'Rourke, que ejercía de productor ejecutivo del film y que conoció en él a Linda, su futura mujer y madre de sus tres hijos, aunque en realidad la conociese tras cortarse la cara en un accidente durante el rodaje.

En los primeros meses de 1982, Waters, Mason y Gilmour comienzan a grabar una serie de versiones del disco destinadas a la banda sonora de la película. La idea original de Waters era publicar un álbum con la música del film, que se llamaría *Spare Bricks* e incorporaría temas descartados en el proyecto original, como «When the Tigers Broke Free», «Your Possible Pasts» y «Teacher, Teacher». Sin embargo en mayo Waters abandona esa idea y se lanza a crear un nuevo disco con material sobrante de *The Wall* y unos cuantos temas nuevos.

El resultado será *The Final Cut*, el último álbum de la era Waters, que por entonces se había convertido en una figura aislada del resto del grupo, cuyos integrantes se dedicaban cada día más a su propios proyectos, musicales en el caso de Gilmour y de negocios en el caso de Mason, que monta su propia empresa, Ten Tenths, para rentabilizar en medios de comunicación su colección de coches, valorada por entonces en más de medio millón de libras esterlinas.

El 23 de mayo de 1982 se presenta en el Festival de Cannes *Pink Floyd-The Wall*, con muy buena acogida de la crítica y el 14 de julio, mientras toda la prensa británica exprime la noticia de la irrupción de un intruso en los dormitorios de la reina Isabel II en Buckingham Palace, en el Empire Theatre de Londres se celebra la *première* de la película. El acto se convierte en un sonado acontecimiento al que acude lo más granado de la cultura y la música británicas, como Pete Townsend, Roger Taylor, Sting o Andy Summers. Richard Wright, cuya ausencia de la banda sigue siendo un secreto para el gran público, no asiste, ya que oficialmente está de vacaciones. La verdadera razón, aparte de su mala relación con Waters, es que por aquellos días atraviesa una grave depresión por su divorcio de su esposa Juliette. Durante los próximos años se mantendrá prácticamente alejado de Londres y del negocio musical. El estreno mundial de la película en los cines se produce a mediados de julio revitalizando las ventas del disco original y convirtiendo el film en un hito del cine musical que inaugura una nueva época marcada por la influencia del vídeoclip y la MTV. Los últimos meses del año unos Pink Floyd cada vez más distanciados se dedican a grabar un nuevo álbum, *The Final Cut*, un título de significado profético.

Imagen del fotógrafo británico Tony May (1996) perteneciente al álbum *Back Catalogue*.

Las modelos llevan seis álbumes de Pink Floyd pintados en sus espaldas por Phyllis Cohen.

El final de la era Waters

(1983-1986)

El 12 de marzo de 1983 sale a la venta en Inglaterra *The Final Cut*, el duodécimo álbum de estudio del grupo y que en realidad es una obra personal de Roger Waters. Después de más de tres años sin un disco nuevo de Pink Floyd, el lanzamiento, que en Estados Unidos se produce doce días después, se convierte en uno de los acontecimientos musicales del año en competencia con *Synchronicity* de The Police, *Let's Dance* de David Bowie, *True* de Spandau Ballet, *Metal Health* de Quiet Riot o *War* de U2. Las ventas crecen como la espuma y en poco tiempo se coloca en el primer puesto de las listas británicas y en sexto en las norteamericanas. Sin embargo, la prensa especializada fue menos entusiasta que el público y hubo quién, como la revista *Melody Maker*, lo calificó sencillamente como 'horroroso'. Como casi todos los discos del grupo, con el tiempo ha ido ganando crédito y respetabilidad, aunque Gilmour, metido ya en su duelo particular con Waters, siempre afirmó que era una obra muy limitada y poco después de su lanzamiento afirmó que el contenido del disco era «un relleno vulgar de una clase que desde hacía muchos años no utilizábamos en un álbum de Pink Floyd», según recoge Schaffner en su libro sobre el grupo.

El contenido del que habla David era casi una repetición de las obsesiones que Roger había volcado en *The Wall*: la perspectiva de un militar superviviente de la guerra, reconvertido en profesor como hilo narrativo de una denuncia del horror de la guerra, la injusticia y la traición de los políticos a quienes combatieron por un mundo mejor. Roger no ahorra ni una sola crítica a la primera ministra británica Margaret Thatcher y su papel en la guerra de las Malvinas. Era una obra de una dureza sin concesiones, absolutamente cargada de efectos sonoros que lo convierten casi en una obra claustrofóbica. De hecho el disco se planeó inicialmente como la banda sonora de la película *Pink Floyd-The Wall*, aunque los acontecimientos políticos, y en especial la guerra de las Malvinas, llevaron a Roger Waters a incluir material para crear un nuevo disco conceptual. Siempre se ha especulado sobre las diferencias entre Waters y Gilmour sobre la guerra de las Malvinas y las fisuras, pero lo cierto es que la relación entre ambos era lo suficientemente mala y ambos han negado siempre toda influencia de las Malvinas ni ningún otro aspecto exterior que no fuese la actitud déspota de Waters. Mason, que tradicionalmente había congeniado más con Roger, se decantaba cada vez más hacia la actitud crítica de David Gilmour con el protagonismo absoluto del bajista y líder *in pectore*.

Los temas de la cara A: «The Post War Dream», «Your Possible Pasts», «One of the Few», «The Hero's Return», «The Gunner's Dream», «Paranoid Eyes», corresponden al relato del militar protagonista y dan rienda suelta a la obsesión personal de Waters con la guerra y la muerte de su padre en combate; mientras que en la cara B se recogen temas que, sin perder de vista el horror bélico tocan temas políticos y sociales, como «Southampton Dock», «Get Your Filthy Hands Off My Desert» y «The Fletcher Memorial Home», o la depresión y los traumas íntimos de «The Final Cut», o la preocupación por la amenaza nuclear de «Two Suns in the Sunset». «Not Now John», la cara A del único single oficial del álbum, fue censurada y la palabra *fuck* desapareció del estribillo. Como apoyo al lanzamiento del disco se editó un vídeo 19 minutos, con un montaje a mitad de camino entre la ficción y el documental musical, protagonizado por el propio Roger y dirigido por su cuñado, Willie Christie. Para la banda fue un detalle que llevó a la saturación el protagonismo omnipresente de Waters. De hecho, ninguno de los temas del disco fue tocado posteriormente en los conciertos de los Floyd. El protagonismo de Waters llegó hasta el diseño de la portada, de la que se encargó Roger después de la disolución de Hipgnosis solo unos meses antes.

Sorprendentemente y a pesar del éxito comercial del disco, Waters descarta realizar ningún concierto o gira de presentación, lo que supone una nueva decepción para sus compañeros, tal y como recuerda Mason: « Después de que *The Final Cut* estuviera terminado, no había ningún plan para el futuro. No recuerdo ninguna promoción y no hubo ninguna sugerencia de hacer algunas actuaciones en directo para promocionar el álbum. De todas maneras, habría resultado difícil imaginar un espectáculo que pudiera estar a la altura de *The Wall*. Pero había otro factor que influyó en cómo David y yo contemplábamos el futuro. Tanto David como yo considerábamos el hecho de tocar en directo y salir de gira como parte del hecho de estar en una banda. Si formar parte de unos Floyd dirigidos por Roger significaba que no habría conciertos ("debido a la falta de disciplina, toda gira ha sido cancelada") y tan solo irritación en el estudio, entonces, la perspectiva de futuro parecía muy poco atractiva». Entretanto, la máquina de hacer dinero de Pink Floyd sigue funcionando a las mil maravillas y batiendo records: el 29 de octubre *The Dark Side Of The Moon* se convierte en el álbum que más tiempo ha aguantado en las listas de los discos más vendidos: 491 semanas (más de 9 años). Ese otoño también se produce el regreso a Inglaterra de Richard Wright, que tiene la intención de montar una nueva banda, cosa que hará en los meses inmediatos al asociarse con el cantante y compositor Dave 'Dee' Harris para formar Zee, un dúo que en 1984 sacará un disco en la línea *new romantic*, que por entonces está de moda en Inglaterra.

La diáspora musical

Por esos días la cohesión de la banda es inexistente y después del lanzamiento de *The Final Cut*, cada uno de sus miembros se centra sobre todo en sus proyectos personales. El 13 de febrero del 84 sale a la calle «Blue Light», el single de adelanto del segundo álbum en solitario de Gilmour, *About Face*, que ve la luz el 5 de marzo. Los resultados económicos no son espectaculares, pero el puesto 21 en Inglaterra y el 32 en Estados Unidos, lo alejan del desastre que algunos, incluido Roger, le auguraban. El guitarrista había grabado el disco en Francia acompañado por músicos como Steve Winwood, Pete Townshend, Jon Lord, Bob Ezrin o Jeff Porcaro, y alejado completamente del resto del grupo. El contenido musical era muy amplio y abarcaba desde el rock al funk, incluyendo baladas y pinceladas de música clásica. Para David este disco era una oportunidad para probarse a sí mismo y a los demás que era perfectamente capaz de emprender una carrera en solitario si la deriva ególatra de Waters lo hacía necesario. Inmediatamente comienza a preparar una gira de presentación por Europa. El primer concierto se celebra el último día de ese mes de marzo en Irlanda. La gira duró 15 semanas y recorrió diez países. Del 28 al 30 de abril David actúa en el Hammersmith Odeon, ante la atenta mirada de sus compañeros Mason y Wright, que asisten entre el público. Mason subió a acompañarlo a la batería en el tema «Comfortably Numb». Gilmour se había volcado en promocionar el disco, concediendo numerosas entrevistas y buscando el apoyo de la MTV, que por entonces era una absoluta novedad y que se volcó en la promoción del vídeoclip que había dirigido Storm Thorgerson para el single «Blue Light», una tema muy funky apto para discotecas. A pesar de todo, el disco obtuvo unos resultados económicos muy discretos y David se vio obligado a cancelar algunos conciertos.

Justo cuando Gilmour da por finalizada la gira de *About Face*, el 16 de julio en Nueva York, Waters comienza a promocionar, con un concierto en Estocolmo, su nuevo álbum en solitario, *The Pros and Cons of Hitch Hiking.2*, publicado el 30 de abril del 84. El bajista busca una nueva oportunidad con

Roger Waters hacia 1985.

un álbum conceptual, cuya portada fue duramente criticada por colectivos feministas, que la tildaron de sexista y machista. La cubierta era obra del ilustrador Gerald Scarfe, que también había hecho la portada de *The Wall*, y en ella se mostraba el dibujo de una chica desnuda haciendo autoestop. El disco, del que Columbia Records sacaría más tarde una portada con una versión censurada, obtuvo un discreto puesto 31 en las listas británicas. Una de sus curiosidades es la colaboración del actor Jack Palance junto a músicos como Eric Clapton o el saxofonista David Sanborn. Según Nicholas Schaffner, Clapton aceptó participar en el disco y la gira para mantener la palabra dada a Waters en una noche de juerga, a pesar de la opinión en contra de todo su entorno personal y profesional. Roger se había rodeado de un elenco de músicos altamente reconocidos para dar vida a una historia en la que un viajero narraba una secuencia de escenas oníricas, muchas de veces de alto contenido sexual, que muy pocos acabaron de entender.

Se trataba de un viejo proyecto que Roger había creado en 1977 pero que quedó arrinconado por *The Wall.* Las ventas no fueron buenas, pero las críticas fueron peores y la revista *Rolling Stone* calificó el disco de 'sinsentido musical'. La actitud de Waters durante la promoción, negándose a hablar con la prensa de nada relacionado con Pink Floyd y reaccionando con desaires cuando la pregunta se le planteaba en directo, tampoco ayudó demasiado a la difusión del disco. Al final de la gira, que puso en escena 36 conciertos en Estados Unidos, Canadá, Inglaterra, Francia, Suiza, Suecia y los Países Bajos, Roger Waters había perdido más de un millón de dólares. En la parte final del tour por Estados Unidos, entre marzo y abril de 1985, su discográfica, CBS Records, se desentendió completamente y le dio a entender claramente que lo que querían eran más discos de Pink Floyd, para enorme enfado del bajista, que los acusó de mercachifles para arriba. Tras el absoluto fracaso de público y la debacle económica, en el ambiente flota inevitablemente la idea de que Waters no es nadie fuera de su antigua banda.

Como si de una competición se tratase, el 9 de mayo, un día después de la publicación del disco de Waters, Richard Wright lanza *Identity*, el álbum de su nuevo proyecto Zee, junto a Dave Harris. El disco está totalmente imbuido por el tecno pop de la época, pero carece de personalidad y pasa prácticamente desapercibido, a la sombra de los grupos de moda como Depeche Mode o Echo & The Bunnymen. El propio Wright reconoció que había sido un error y que, a pesar de su título, carecía de identidad, más allá de un uso desmesurado del sintetizador de moda, el Fairlight CMI. Al final, decepcionado una vez más, decide regresar a su retiro de las islas griegas.

Por su parte Nick Mason, que vive volcado en su mundo personal, rodeado por su magnífica colección de coches y dirigiendo sus negocios fuera del ambiente musical, decide también por esa época unir ambos mundos y se embarca en el rodaje del documental *Life Could Be a Dream*, en el que se mezclan sus dos pasiones: la música y las carreras de coches, y no necesariamente por ese orden. Mason llegó a un acuerdo con la escudería Porsche 956 de Rothmans para participar como piloto en el Campeonato Mundial de Coches Deportivos que se celebraba en Toronto, Canadá, y que además le permitiría participar también en las 24 Horas de Le Mans. Nick pensó que sería una buena idea usar ese material con una banda sonora adecuada y hacer una película con ello. Para la banda sonora se buscó el apoyo de Rick Fenn, guitarrista del grupo 10cc, y para llevar las riendas del documental eligió al joven director Mike Shackleton. Al final de todo un cúmulo de grabaciones de carreras y reconstrucciones de momentos de la vida Mason y su padre, el hombre que le metió el veneno de las carreras y que era un verdadero director de documentales automovilísticos, quedaron 27 minutos de película en los que se alternan las carreras con los recuerdos del batería sobre música de temas como «The Scarecrow», «One of These Days» o «Profiles». Precisamente de esa experiencia nacerá *Profiles*, un disco prácticamente instrumental, excepto un tema que canta David Gilmour y otro que interpreta Danny Peyronel, vocalista de UFO, compuesto íntegramente por Mason y Fenn y que se editará en julio de 1985 sin mayor pena ni gloria. La promoción del disco fue corta pero espectacular, con Nick Mason llevando durante cuatro días a la prensa en su Havilland Devon, el avión que se había comprado a medias con Gilmour.

Waters se apea en marcha

Durante 1985 Waters y Gilmour siguen haciendo la guerra por su cuenta. El 19 de marzo Roger regresa a los Estados Unidos para realizar otra gira, The Pros and Cons Plus Some Old Pink Floyd Stuff - North America Tour, pero esta vez se cura en salud y se promociona usando el nombre de su antigua banda, anunciando que tocará los éxitos de Pink Floyd y elige escenarios más pequeños para que se repita el espectáculo de sillas vacías del año anterior. Incluso vuelve a tocar «Another Brick in the Wall (Part Two)», después de haber prometido que no lo haría nunca más.

A principios del verano del 85 el fantasma de una posible reunión de los antiguos Floyd volvió a resucitar con fuerza. El 13 de junio se celebraba el Festival Live Aid, un concierto de dimensiones mundiales nunca vistas que se celebraría simultáneamente en Londres y Philadelphia y en el que estaban anunciados nombres como Queen, Elton John, David Bowie, The Who, Paul McCartney, Dire Straits, Santana, The Beach Boys, Led Zeppelin, Bob Dylan, Keith Richards o Ronnie Wood, por citar solo a los más históricos de los históricos. Su organizador, Bob Gedlof, pretendía reforzar todavía más el espectacular cartel con la presencia de unos Pink Floyd reunidos para la ocasión. Pero evidentemente el intento no prosperó y el único miembro de la banda que subió al escenario del estadio de Wenbley fue Gilmour, que tocó acompañando a Brian Ferry.

Waters aprovechó la ocasión de una forma peculiar: escribió una canción inspirada en el evento, que tituló «The Tide Is Turning (After Live Aid)» y que formaría parte de su segundo álbum de estudio, *Radio K.A.O.S*. Siguiendo con su desconexión absoluta con los Pink Floyd, cuya existencia sigue empecinado en negar, en junio del 85 Roger rompe con O'Rourke, el representante legal de la banda que hasta ahora llevaba también sus negocios y los coloca en manos de Peter Rudge, el manager de estrellas como Rolling Stones o The Who, tristemente famoso por la polémica en torno a sus responsabilidades en el mortal accidente de la avioneta de Lynyrd Skynyrd, cuando era el mánager de la gira del grupo, aquel 20 de octubre de 1977. Con el experto Rudge a su lado, Waters se enfanga en una serie de negociaciones con sus antiguos socios, cuyo visto bueno necesitaba para que la ruptura con O'Rourke fuese legal. En agosto Gilmour, Mason y Waters se reúnen para hablar del futuro de la banda sin llegar al más mínimo acuerdo. Finalmente Roger decide tirar por el camino de en medio y pide la rescisión de su contrato con EMI como miembro de Pink Floyd, lo que deja definitivamente a Gilmour y Mason como únicos miembros de la banda. La renuncia de Waters se explica por su absoluto convencimiento de que sin él, el grupo jamás podría seguir adelante. Y en aquel momento casi todo indicaba que podía tener razón. La banda estaba reducida a la mitad, con cada miembro dedicado a sus propios proyectos y el cuarto en discordia, Richard Wright, vivía semi retirado, paseando en su yate por las islas griegas con su nueva novia, Franka.

Entretanto, el 19 de agosto se produce el lanzamiento de *Profiles*, el disco de Nick Mason y Rick Fenn, que como hemos señalado tuvo una ínfima repercusión, pero un mes se publica el single «Lie for a Lie», el tema en el que cantaba Gilmour, que no suscitó apenas interés en Inglaterra pero que en Estados Unidos tuvo un notable éxito. Gilmour por su parte se dedica a cimentar su propio perfil artístico y tocar con viejos amigos, ahora grandes estrellas de la música como Paul McCartney, Pete Townsend o Andy Fairweather-Low. También se dedica a las buenas causas, participando en conciertos como el celebrado en el Albert Hall el 9 de febrero de 1986 a favor de las víctimas del terremoto de Colombia. Pero antes de que se acabe el año, en diciembre del 85, se produce la confirmación de la esperada, y para muchos temida, noticia: Roger Waters anuncia que abandona definitivamente la banda, a la que consideraba completamente agotada y liquidada.

Roger contra todos

A principios de 1986 Gilmour, Mason y O'Rourke comenzaron a darle vueltas a la idea del nuevo álbum, el primero de la nueva etapa de la banda sin Waters. Esa será su principal actividad en un año caracterizado por los continuos enfrentamientos entre Roger y los demás miembros del grupo durante las sesiones de grabación del que sería su decimotercer álbum de estudio, *A Momentary Lapse of Reason*, en el estudio de grabación que Gilmour había montado en su casa flotante sobre el Támesis y al que había puesto el nombre de *Astoria.*

O'Rourke, que consideraba ilegal la rescisión de su contrato por parte de Roger, demandó al bajista a cuenta de comisiones atrasadas por valor de casi 30.000 euros. En el trascurso del pleito Waters exigió que se prohibiese judicialmente a su antiguos socios usar el nombre de Pink Floyd ni entonces ni el futuro, por considerar que la banda ya no existía y el nombre le pertenecía también a él como accionista del grupo, lo que le permitía bloquear las decisiones que su ex compañeros adoptasen respecto al negocio. El problema es que casi todos los acuerdos eran verbales y los abogados de ambas partes se enzarzaron en una larga batalla legal que tuvo su reflejo personal en las visitas que Roger hizo a sus antiguos socios en el *Astoria*, con peleas continuas y amargos reproches que no conducían a ningún sitio, más que el enconamiento de posturas. Nick Mason, que siempre había estado muy próximo a Roger, intentó mediar entre éste y Gilmour en varias ocasiones, pero no consiguió ablandar al bajista, que consideraba que sus viejos camaradas no serían capaces de mantener a flote la banda sin él, dada la ausencia de Rick, las limitaciones de Gilmour como líder y la escasa dedicación de Mason al grupo, estando como estaba más preocupado por su negocio con los automóviles. Eso fue algo que molestó enormemente al batería, que se decantó definitivamente por apoyar a Gilmour y volcarse en la creación de un nuevo disco.

A pesar de este pésimo ambiente, ambas partes intentan sacar adelante nuevos proyectos. Mientras Mason y Gilmour graban maquetas para su próximo disco, el 30 de octubre se publica *When the Wind Blows*, *(Cuando el viento sopla)* una película de animación que narra un ataque nuclear desde el punto de vista de dos ancianos y que se apoya fundamentalmente en las

Las relaciones entre Roger Waters y David Gilmour se rompieron definitivamente en 1986.

voces de dos veteranos actores, John Mills y Peggy Ashcroft y en la banda sonora compuesta por Roger Waters. La música de la película está interpretada por la banda de Roger, The Bleeding Heart Band, integrada por Paul Carrack a los teclados y la voz, Snowy White y Jay Stapley a la guitarra, John Gordon al bajo, Matt Irving en los teclados, Nick Glennie-Smith al piano, Mel Collins al saxo y Freddie Krc en la batería.

Por fin, después de un año sin dar prácticamente señales de vida, el 11 de noviembre de 1986, David Gilmour y Nick Mason declaran mediante un comunicado de prensa su intención de continuar como Pink Floyd a pesar de la renuncia de Waters. No solo anuncian que no tienen la más mínima intención de disolver el grupo, sino que están preparando un nuevo disco. Richard Wright y el productor Bob Ezrin se unen a David y Nick para participar en el retorno de la banda y pronto comienzan a grabar en Los Ángeles. Es el inicio de una nueva etapa de los Pink Floyd dominada por la personalidad de David Gilmour.

Los reyes de los estadios

(1987-1989)

La marcha definitiva de Roger Waters abre una nueva era marcada por la rivalidad personal y artística entre el bajista y sus antiguos compañeros de fatigas, o lo que es lo mismo, por el duelo Waters-Gilmour. Enfrentamientos personales, batallas legales, litigios económicos y desencuentros de todo tipo sazonan una rivalidad que se mantendrá encarnizadamente durante más de dos décadas, para acabar suavizándose pero que nunca desaparecerá del todo. Pero los miembros de Pink Floyd siguen manteniendo un perfil público sosegado, aparentemente retirados de la primera fila del espectáculo. A principios de febrero Nick Mason toca la batería con la banda del trompetista de jazz Mike Mantler, en Franckfurt. A finales de mes interviene con Gilmour en el programa-espectáculo *The Secret Policeman's Third Ball*, creado por John Cleese, miembro de Monty Python, para recaudar fondos a beneficio de Amnistía Internacional. Mientras, en la quietud y tranquilidad de sus lujosas residencias David y Wright se preparan para un retorno que será espectacular, para su propia sorpresa.

El 6 de abril Roger Waters, a través de un comunicado hecho público por sus abogados, anuncia que nunca volverá tocar con Gilmour y Mason, ni bajo el nombre de Pink Floyd ni ningún otro, y que tiene la intención de plantear una querella legal por los derechos y el uso de *Dark Side of the Moon* y *The Wall*. Es el punto de no retorno. Pero los litigios judiciales no distraen a Roger de su trabajo para crearse una nueva marca artística y abrir una nueva etapa de su vida. El 15 de junio lanza *Radio KAOS*, su segundo disco en solitario después de *The Pros and Cons of Hitch Hiking* en 1984, y su primer disco fuera de la banda, o como él prefiere decirlo, su primer disco tras la desaparecida banda. Se trata de una nueva obra conceptual que cuenta la historia de Billy, un joven discapacitado, aparentemente en estado vegetativo pero que desarrolla una especie de comunicación telepática través de las conexiones telefónicas inalámbricas, que utiliza para contar por la radio la historia de su hermano, un minero galés en paro encarcelado injustamente y para acabar simulando un ataque nuclear y crear el pánico generalizado. Con todo ese enredo Waters pretendía explicar que la competitividad es una base social mucho peor que la solidaridad y de paso dejar claro quien había sido el verdadero cerebro capaz de crear grandes historias en los Floyd. El disco creó mucha expectación pero las ventas fueran muy modestas, alcanzando solo los puestos medios de las listas, aunque su primer single, «Radio Waves» lanzado como adelanto del álbum, llegó al cuarto puesto de las listas el 30 de mayo, casualmente, dos días después de que saliese al mercado *Beyond the Wildwood*, un disco de homenaje a Syd Barrett de bandas de rock alternativo como The Mock Turtles, Plasticland, The Soup Dragons, o incluso de música electrónica, como The Shamen. A pesar de la tibia acogida que ha tenido el disco, en agosto Roger pone en marcha su segunda gira en solitario, que tendrá como escenario los Estados Unidos y solo celebrará dos conciertos en Inglaterra, los que cierran el tour en el estadio de Wembley el 21 y 22 de noviembre. La gira comenzó en Providence, Rhode Island, y recorrió 37 ciudades en poco más de tres meses

La gira llevaba el sello de la espectacularidad propio de Roger, con un gran despliegue escénico y una gigante pantalla de proyecciones e incluía un montaje en el que se recreaba la cabina de un programa de radio desde el que Waters hablaba en directo con algunos espectadores, previamente seleccionados en concursos de emisoras de radio. Todo el complicado montaje del escenario era obra de su antiguo colaborador de los tiempos de *The Wall*, Fisher Park, al que David reclutó justo antes de que sus excompañeros lo intentasen contratar para su gira A Momentary Lapse of Reason Tour. En las labores escénicas contaba con el apoyo del famoso periodista radiofónico y escritor Jim Ladd, un cuyo programa se inspiró el concepto de *Radio KAOS*. Pero la complejidad de la narración lastraba seriamente el espectáculo. Había demasiadas cosas que explicar entre tema y tema y el montaje era excesivamente ostentoso. Ni siquiera la introducción de temas de su discos más famosos, *The Wall* y *The Dark Side of the Moon*, conseguían entusiasmar al público. Los aficionados están más pendientes de las peleas entre los antiguos miembros de la banda que de sus propuestas musicales. En el mes de julio la revista *Rolling Stone* publicó en su número de julio un famoso reportaje sobre las diferencias entre Roger Waters y sus antiguos compañeros de Pink Floyd, que se convirtió en el número más vendido de 1987.

La gran prueba de Gilmour

Para colmo del enfrentamiento fratricida, el 8 de septiembre se publica *A Momentary Lapse of Reason*, el decimotercer álbum de estudio de la banda. El disco se gestó el otoño de 1986, en los días de la ruptura con Waters. Gilmour, Mason y O'Rourke, su representante, decidieron afrontar el reto

De izquierda a derecha, Mason, Gilmour y Wright en 1986, la banda ya sin Roger Waters.

de comenzar una nueva era componiendo un álbum sin el cerebro creativo de la banda, no sin cierta inquietud, tal y como reconoce en sus memorias el batería: «Todavía estoy sorprendido de esta muestra de voluntad. Buena parte de nuestros trabajos previos se habían basado en las composiciones y la dirección de Roger, y aun así tenía una fe enorme en la capacidad de David para despertar sus habilidades con relativa rapidez; también confiaba en su voz y su trabajo con la guitarra, que tanto habían contribuido al sonido de la banda». El riesgo de que comparasen sus trabajos con los del bajista flotaba permanentemente en el ambiente del estudio flotante *Astoria*, montado en la embarcación de 27 metros de eslora que había pertenecido a Fred Karno un antiguo empresario de music hall y Gilmour se había comprado para instalar un equipo completo de grabación que permitía una total intimidad. Allí se encerraron a trabajar durante la última parte del 86, mientras mantenían eternas discusiones con Waters y sus abogados. Incluso se disputaron a sus colaboradores. Roger se llevó a Pat Leonard para la producción de *Radio KAOS* y ellos se quedaron con Bob Ezrin.

Pero faltaba una pieza, los teclados de Richard Wright, que andaba como siempre, navegando por algún lugar del mediterráneo y cuya esposa, Franka, había llamado a David para intentar que regresase a la banda y a la vida musical activa. Con el proyecto muy avanzado, David y Nick se reunieron con

Rick, al que garantizaron que le mantendrían a salvo de cualquier disputa con Waters, el hombre que le había expulsado del grupo después de hacerle la vida imposible y que había introducido una cláusula en la rescisión del contrato que impedía que Wright pudiese volver a formar parte de la banda nunca. Uno de los fundadores y puntales del grupo se tenía que tragar la humillación de regresar como un contratado, algo que sin embargo no afectó sus relaciones con los otros dos integrantes. La parte final del montaje la realizaron en los estudios A&M de los Ángeles, perfectamente dotados de la nueva tecnología informática y que incorporó músicos de sesión locales. La portada se la encargaron a su viejo amigo Storm Thorgerson y para el título tuvieron innumerables reuniones en las que se barajaron títulos como *Of Promises Broken*, *Signs of Life* y *Delusions of Maturity*, hasta que dieron con una frase de una canción escrita por Gilmour y Phil Manzanera, otro viejo colaborador: *A Momentary Lapse of Reason*.

Esta vez no se trataba de un disco conceptual, sino de diez temas compuestos por Gilmour, con alguna colaboración puntual; canciones como «Learning to Fly», el primer sencillo, que habla del vuelo como metáfora de la liberación personal, «On the Turning Away», una balada sentimental, o temas de difícil catalogación y un tanto desesperanzados como «Sorrow» y «A New Machine (Part 1 y 2)», o «One Slip», un tema en el que muchos han querido ver un mensaje a Roger por su error al abandonar la banda. También continue tres instrumentales: «Signs of Life», «Yet Another Movie / Round and Around» y «Terminal Frost». El álbum tiene el dudoso honor de contener una de sus canciones más vilipendiadas, pero también una de las más conocidas, «The Dogs of War», un blues tirando a clásico, escasamente imaginativo, que sigue el canon de los doce compases pero evidentemente adaptado a la espectacularidad sonora de la banda. La letra está inspirada en la famosa novela homónima de Frederick Forsyth, publicada en 1974 y llevada a la pantalla seis años después. David Gilmour, con la colaboración de Anthony Moore, escribió una letra sobre la crueldad impasible de quienes deciden convertirse en mercenarios y vender su cuerpo y su alma a quien mejor les pague: «Los perros de la guerra no negocian / Los perros de la guerra no capitulan / Ellos recibirán y tu darás / Y tú debes morir para que ellos vivan». Gilmour incluyó también en esta ocasión sonido de perros aullando, aunque esta vez creados en un ordenador.

El resultado final fue un álbum recibido con reticencias por la propia compañía musical, que lo consideraba «poco Pink Floyd», y criticado por la prensa por la omnipresencia de Gilmour y su presunta vacuidad. Pero para sorpresa de propios y extraños, el álbum fue un bombazo y las ventas se dispararon desde el primer momento, colocándose en el tercer puesto de las listas frente al 25 de *Radio KAOS*, para gran cabreo de Roger que recibió el disco con críticas amargas y descalificaciones absolutas, como era de esperar, llegando a arremeter incluso contra el buen criterio de los seguidores de la banda, que eran mayoritariamente los suyos también.

Vuelve el gran circo del rock & roll

Pero los nuevos Floyd no se arredran y ponen en marcha la gira de presentación, un proyecto espectacular que marca el inicio de otra nueva era para la banda. El 9 de septiembre en el Lansdowne Park de Ottawa, Canadá, ante más de 25.000 personas, comienza el A Momentary Lapse of Reason Tour, después de un mes de ensayos previos en Toronto, para volver a poner a tono y encajar a las piezas de la banda, que en los últimos años habían tocado muy poco en directo y en el caso Wright, hacía demasiados años que no compartía un escenario con sus compañeros. Además, los preparativos habían estado salpicados por la polémica creada por Waters, que también se encontraba de gira por Canadá y Estados Unidos con su nuevo disco *Radio KAOS*. De hecho, el mismo día que comenzaba el tour de los Floyd, Roger actuaba en Illinois. Waters había lanzado amenazas sobre acciones legales contra la banda y quienes permitieran el uso, ilegal según su punto de vista, del nombre de Pink Floyd. Pero Nick y David avalaron los gastos iniciales de la gira con sus patrimonio personal y las amenazas de Roger no surtieron efecto e incluso en ocasiones se volvieron en su contra, creando malestar entre los promotores, algo que el bajista llevó al victimismo, llegando a decir que esa era la prueba de que había sido extorsionado con amenazas financieras si no abandonaba la banda.

Al final la gira Momentary Lapse fue un éxito tan rotundo como el disco que la sustentaba. Durante tres años dieron 179 conciertos, entre los que hubo momentos tan memorables como sus cuatro actuaciones seguidas en el Madison Square Garden de Nueva York a principios de octubre del 87, los del Memorial Arena de Los Ángeles en noviembre de ese mismo año, el del Palacio de Versalles, en París, en junio del 88, el del Gran Canal de Venecia en julio del 89 o el de Berlín el 16 de junio de 1988, cuando más de cinco mil personas se reunieron en la parte oriental de la ciudad para corear sus canciones e exigir la caída del muro. La recaudación final fue de unos 135 mi-

Portada de *A Momentary Lapse of Reason* (1987).

llones de dólares y se convirtió en una de las giras más taquilleras de todos los tiempos. El remate oficial se produjo el 30 de junio de 1990 en el Festival de Knebworth, en Inglaterra, en el que habían participado por primera vez en 1975. La gira recaló en España el 20 y 22 de julio, con sendos conciertos en Barcelona y Madrid, en los que sus fans españoles pudieron verles por primera vez en vivo y en directo y disfrutar de los conciertos más espectaculares jamás celebrados en éste país, tal y como afirma Jordi Bianciotto en su obra *Pink Floyd. Welcome To The Machine*, en la que recoge los comentarios de la prensa de la época, que habla bastante más de los fuegos artificiales y el espectáculo de luces que de la música del grupo.

Los Floyd viven los dos últimos años de la década de los 90 sumergidos en su descomunal gira, aunque encuentran momentos para recuperar el espíritu de grupo fuera de los grandes montajes, como la noche del 11 de octubre del 87 cuando aprovechando el paso de la gira por Nueva jersey participan en una jam session en el World Club de Nueva York, junto a algunos de los músicos que les acompañan en el tour, interpretando estándares de soul y rhythm & blues como «Respect» o «Born Under a Bad Sign». Además, su litigio con Waters sigue coleando. El 23 de diciembre, tras unas conversaciones previas entre Gilmour y Roger, Mason y Wright reconocen a Roger sus derechos del concepto teatral de *The Wall* y el pago de royalties por los temas en los que Waters aparece como compositor, cuando sean tocados en vivo. A su vez Roger tal como había prometido dos años antes reconoce muy a su pesar, que sus tres excompañeros tienen derecho a usar el nombre de Pink Floyd.

Mientras *Momentary Lapse* sigue provocando el delirio de los aficionados en todos los puntos del planeta, Waters contrataca como puede. El 31 de mayo de 1988 lanza un vídeo de 20 minutos para seguir promocionando *Radio KAOS*, que contiene cuatro canciones y algunos diálogos –de doble sentido sexual– mantenidos con los aficionados durante los directos de la gira. Pero en esta carrera desenfrenada por el protagonismo la ventaja está claramente del lado de la banda, que a finales de noviembre lanza al mercado *Delicate Sound of Thunder*, el álbum grabado en directo durante sus actuaciones en New York y que la tripulación de la nave soviética *Soyuz* 7 se llevó en una copia de cassette para poder escucharla en el espacio, lo que dio lugar a una leyenda de «los primeros rockeros espaciales», que no es exactamente cierta, ya que en ocasiones anteriores los astronautas se habían llevado temas de otros grupos y otros estilos musicales. Lo que sí es cierto es que el disco se convirtió en nuevo éxito de ventas mientras la banda sigue recorriendo el mundo con su tour, con algunas interrupciones para participar en eventos solidarios, como el Smoke On The Water, celebrado en Londres en noviembre del 89 en solidaridad con las víctimas del terremoto de Armenia. Las peleas legales entre los cuatro fundadores del grupo se han acabado, para dar paso a una feroz competición entre Waters y sus excompañeros por ver quien llega más alto en el olimpo musical. Casi como una señal, el Muro de Berlín cae la noche del 9 al 10 de noviembre de 1989, inaugurando una nueva época para la humanidad con el final de la Guerra Fría y la política de bloques.

El canto del cisne

(1990-1995)

Después del ajetreo del Another Lapse Tour, que los ha mantenido en permanente actividad durante tres años, Pink Floyd encaran la nueva década de los 90 con un espíritu más sosegado. Liquidados los problemas legales con Roger Waters, los integrantes de la banda se toman su tiempo para dedicarse a sus proyectos y vidas personales, mientras preparan sin prisas el relanzamiento de su carrera. Por su parte, Roger Waters, sigue empeñado en su carrera de fondo en solitario y reconduciendo sus negocios. En 1990 contrató al gerente Mark Fenwick y abandonó su discográfica de toda la vida, EMI, para firmar un acuerdo de representación mundial con Columbia.

Para Nick Mason los cambios más importantes se producen en el ámbito personal. En 1990 nace su hijo Guy, quien por cierto, siguió los aventureros pasos de su padre y en el año 2001 logró alcanzar la fama por méritos propios al batir el record del equilibrista más joven en realizar un *wing walk*, o sea, viajar subido a las alas de una avioneta. En medio de un frío glacial, voló agarrado a las alas de un biplano Utterly Butterly, a más de 130 kilómetros por hora, una hazaña que fue contemplada en directo por sus padres y por su hermano menor, Nick. Perdió el título en 2009 a manos de Tiger Brewer, un niño inglés de ocho años de edad, nieto de un legendario *wing walker*, Vic Norman.

Pero regresando a principios del 90, David Gilmour comienza el año relajadamente, grabando en su estudio flotante *Astoria* con el violinista clásico Christopher Warren-Green su contribución al disco *One Voice, One World* (Una voz, un mundo), un proyecto en el que están involucrados más de 250 músicos de 16 nacionalidades distintas. Un *making of* documental sobre la grabación del álbum se emite por televisión el 26 de mayo y Gilmour participa tocando una canción y respondiendo a unas preguntas. En ocasiones parece que entre los componentes de la banda, sobre todo David Gilmour, y su ex compañero Roger Waters, se ha establecido un duelo mano a mano para ver quién logra una mayor popularidad. Así, el día 19 de abril, mientras Gilmour aparece protagonizando un *sketch* en la popular serie de humor de televisión *French and Saunders*, Waters anuncia públicamente que está preparando un nuevo montaje del mítico *The Wall*.

Con la llegada del verano Gilmour, Wright y Mason abandonan su retiro temporal para participar en el Festival de Knebworth, que se celebra el 30

El famoso barco-estudio de sonido *Astoria*, propiedad de David Gilmour.

de junio en los terrenos de la mansión del mismo nombre, en las afueras de Londres. El cartel está formado por las más rutilantes estrellas del rock británico: Pink Floyd, Phil Collins, Eric Clapton, Dire Straits, Elton John, Paul McCartney, Tears For Fears, Status Quo, Cliff Richard & The Shadows, Robert Plant, Jimmy Page y Genesis, que protagonizarán uno de los macro conciertos solidarios más grandiosos de la historia. 120.000 espectadores se dan cita en el parque más grande de Inglaterra para asistir a un montaje digno de la escenografía Pink Floyd, con un escenario presidido por una gigante una nota de sol, en el que la banda puso el broche final interpretando «Shine On You Crazy Diamond», «The Great Gig In The Sky», «Money», «Comfortably Numb», «Run Like Hell», y «Wish You Were Here», que dedicaron a Syd Barrett. A pesar de la tormenta que se desató a última hora, el concierto fue un éxito absoluto para los Floyd, que regresaban a Knebworth como los más respetados veteranos, tal y como recuerda en sus memorias Nick Mason: «Después de dos años de gira solos, fue un placer ver tocar a otra gente y tener la oportunidad de merodear por los bastidores de Knebworth en el más puro estilo de los dioses del rock. Era como una especie de tarde en el geriátrico del monte del Olimpo». Un álbum doble con este concierto fue lanzado el 15 de noviembre de ese mismo año por Eagle Rock Records.

Entretanto, la carrera en solitario de Roger Waters comienza a encarar vientos cada vez más favorables. El 21 de julio celebra en Berlín, el concierto

The Wall–Live in Berlin, arropado por un plantel de estrellas como Scorpions, The Band, Bryan Adams, Marianne Faithfull, Van Morrison, Sinéad O'Connor o Ute Lemper, entre otros muchos. El evento fue transmitido a todo el planeta, convirtiéndose en uno de los conciertos más espectaculares de final del siglo XX. La carga simbólica fue enorme y el show se convirtió en el primer gran homenaje de masas a la caída del Muro de Berlín. 350 mil personas llenaban el terreno baldío entre la Potsdamer Platz y la Puerta de Brandeburgo, una zona barrida solo un año antes por los reflectores y las ametralladoras de los dos lados del muro, pero la aglomeración de gente que se había quedado fuera era tal que los organizadores decidieron permitir el acceso libre al recinto del concierto a otras cien mil personas. Ante un público en vivo de casi medio millón de personas y una audiencia mundial masiva Roger Waters protagonizó una de las noches más importantes y espectaculares de su vida. Las proyecciones de luz, el símbolo de los dos martillos cruzados de *The Wall*, las marionetas gigantes, los inflables y la deconstrucción del muro sobre el escenario, cobraron una dimensión internacional y el ex bajista de Pink Floyd confirmó su papel de brillante estrella solitaria ante el resto del grupo. El concierto reaviva el interés por el disco original de la banda, que vuelve a posicionarse en puestos destacados de las listas de ventas. Casi como una réplica, a principios de agosto sale al mercado, *1990 Knebworth, the album/The Even, Vol 3*, con la grabación del concierto homónimo celebrado hacía poco más de un mes en Knebworth Park, y que contiene dos temas de Pink Floyd, «Comfortably Numb» y «Run Like Hell». La versión en vídeo contiene otros dos temas de aquella noche «Shine On You Crazy Diamond» y «Run Like Hell». Y son solución de continuidad, el 17 de septiembre Waters contrataca lanzando *The Wall–Live in Berlin*, que antes de que acabe el mes se coloca en el puesto 27 de las listas inglesas y el 56 en las de Estados Unidos. Los beneficios del disco van destinados a la Memorial Fund. For Disaster Relief, una entidad creada para paliar las consecuencias de conflictos bélicos o desastres naturales. Siguiendo con su particular toma y daca, tras la aparición multitudinaria de Waters en Berlín, a mediados del mes de noviembre Gilmour participa junto a otras estrellas de la canción en la grabación del disco *Smoke on the Water*, a beneficio de las víctimas del terremoto de Armenia

En lo que al universo Pink Floyd se refiere el año 1990 termina con la publicación a principios del otoño del libro de Nicholas Schaffner *Saucerful of Secrets. The Pink Floyd Odyssey (La odisea de Pink Floyd)*, la primera biografía exhaustiva de la banda, que profundiza en la faceta más privada del grupo desde sus orígenes hasta el inicio de su declive en la última década del siglo. Por el momento la banda y sobre todo, insistimos, su líder David Gilmour, se aprestan a una larga y dura competencia con su viejo colega de fatigas, Roger Waters, que está entrando en una nueva y exitosa etapa de su carrera musical. Durante los ocho primeros meses del año 1991 el bajista se entrega a la grabación de *Amused to Death*, su tercer álbum de estudio en el que contó con la colaboración del guitarrista Jeff Beck, el teclista y programador Patrick Leonard, entre una larga lista de 36 músicos de primera línea. El disco insistía en los eternos temas de Waters sobre el horror de la guerra, la alienación del consumismo, a soledad y la injusticia, todo desde la óptica de un primate que ve las noticias. Pero a pesar de este despliegue musical y creativo, el álbum no acabó de cuajar, las ventas no lo acompañaron y Waters decidió ahorrarse el tour de presentación para centrarse en preparar nuevos proyectos y participar en todos los conciertos que podía. Sin embargo, Roger siempre ha considerado que ésta es una de sus mejores creaciones y una buena parte de la crítica le da la razón.

Sus ex compañeros siguen con su tónica relajada de actuar esporádicamente y en conciertos colectivos con causa añadida. El día uno de febrero Gilmour y Mason participan en el Rock-a-Baby, un concierto benéfico celebrado en el Hackney Empire de Londres, junto a Paul Carrack, Paul Young, Andy Fairweather-Low, Andy Newmark y Pino Palladino. Richard Wright asiste entre el público. El 24 de marzo Gilmour se suma en el Bloomsbury Theatre, a uno de los últimos conciertos que celebrará The Dream Academy, el grupo de Nick Laird-Clowes. Por esos días *Delicate Sound of Thunder*, el álbum doble en directo editado en noviembre de 1988, alcanza las 200.000 copias vendidas. Los negocios del grupo van bien y su fama traspasa fronteras geográficas y culturales. Su música es reconocida también por el mundo del ballet, con la presentación en Marsella de *Dance Sur Le Port*, un espectáculo de Roland Petit con música del grupo, que también recibe premios tan curiosos como el que les concede la National Association of Brick Distributors, por su contribución a la industria del ladrillo, que por curioso que parezca, también tiene su Salón de la Fama. Y como casi todo movimiento en los Floyd tiene su réplica en Waters, el 13 de junio éste recibe el premio el mejor evento mediático del año del Third Annual Rock Awards por su famoso Concierto del Muro, celebrado el año anterior en Berlín. Cuatro meses después actúa en la Isla de la Cartuja de Sevilla, en el concierto Leyendas de la Guitarra, junto a Roger MeGuinn, Richard Thompson, Robbie Robertson y Les Paul.

La carrera de fondo

Es obvio que Roger está poniendo toda la carne en el asador para promocionar su carrera en solitario, mientras que sus antiguos socios se dedican básicamente a vivir de rentas. Aquel otoño, Mason, Gilmour y Steve O'Rourke, su mánager y socio, participan en la Carrera Panamericana, mientras Richard Wright se dedica a su afición favorita: navegar on su yate por las plácidas islas griegas. David, Nick y Steve compartían pasión por los motores, que en el caso de los dos últimos era absoluta locura. Ambos habían participado en la edición de dos años antes, pero una avería dio al traste con la aventura. Esta vez llegaban dispuestos a que nada les estropease la diversión e incluso con el proyecto de hacer una película documental sobre la carrera, una idea de la que O'Rourke ya había vendido los derechos con la intención de financiar la expedición. Mason, Gilmour y sus respectivos copilotos –O'Rourke era el de David– partieron de Tuxtla Gutiérrez en sus respectivos Jaguar C, réplicas de los fabricados a mediados del siglo XX, con dos coches de apoyo y dos equipos de filmación. Durante los primeros días todo fue bien, pero el 29 de octubre, el tercer día de carrera, Gilmour y O'Rourke sufrieron un serio accidente. El guitarrista sufrió unas dolorosas contusiones pero el representante se fracturó ambas piernas y tuvo que ser evacuado. Mason y su copiloto, su amiga Valentine Lindsay, terminaron octavos en la clasificación general, tras recorrer los 2.880 infernales kilómetros que separaban Tuxtla Gutiérrez, al sur de México, de la frontera de Texas, al norte, en una prueba que tiene como lema «Cuanto más desafías a la muerte, más te diviertes». Al final, la película proyectada por O'Rourke vio la luz con la dirección y producción de Ian McArthur con una banda sonora grabada en su mayor parte en las últimas semanas de noviembre del 91 en los estudios Olympic y que incluye «Carrera Slow Blues» y «Pan Am Shuffle», los dos primeros temas compuestos por Mason y Wright desde los días de «Wish You Were Here» y «The Dark Side of the Moon», allá por mitad de los años 70. David Gilmour cierra su año musical el 28 de diciembre ejerciendo de director musical en la gala de televisión del 30 Aniversario de Amnistía Internacional, con Gary Wallis, Tim Renwick, Pino Pallidino, Jon Carin, Jodi Linscott, Sam Brown y un largo etcétera de músicos y cantantes.

En 1992 la evolución de la banda se mantiene al mismo ritmo sosegado mientras Waters sigue pisando el acelerador de su carrera en solitario. En la primavera la banda recibe el premio Ivor Novell, concedido por la Bri-

Roger Waters en 1992.

tish Academy of Songwriters, Composers and Authors, por su contribución a la música británica, mientras su álbum *A Momentary Lapse of Reason* alcanza los tres millones de copias vendidas y sale al mercado el vídeo de *La Carrera Panamericana*. Ese verano, mientras Gilmour aparece reiteradamente en programas de televisión y graba la banda sonora de la película *Ruby Takes a Tryp*, Waters publica el single «What God Wants Part 1» que alcanza el puesto 35 en septiembre, casi al mismo tiempo que sale al mercado *Amused to Death*, un disco recibido con elogiosas críticas de le prensa especializada pero cuyas ventas como ya hemos señalado, no fueron todo lo buenas que se esperaba y Waters decidió seguir con otros proyectos. En el terreno personal 1992 será el año en el que el bajista se divorcie de Carolyn Christie, con quién llevaba casado 32 años y tenía dos hijos, Harry e India Rose. Carolyn había sido la musa de dos temas históricos de Waters: «Pigs on the Wing» y «Empty Spaces».

Entretanto Gilmour, Wright y Mason siguen actuando con cuentagotas y en ocasiones especiales como el 11 de octubre cuando actúan en el Chelsea Arts Ball en una gala para recaudar fondos en la lucha contra el sida. En el ámbito de los negocios del grupo, el 17 de noviembre se publica *Shine On*, una caja recopilatoria que incluye 8 CD correspondientes a casi toda la discografía de Pink Floyd, que decepciona a muchos aficionados que echan de menos algunas de sus grabaciones de los primeros tiempos y maquetas con material inédito. Por esas fechas Waters publica «The Bravery of Being Out of Range», el segundo single del disco *Amused to Death*, que sigue estando lejos de ser un éxito de ventas pero que se convertirá en una rareza para coleccionistas debido a lo limitado de su tirada. En enero de 1993 David, Richard y Nick se encierran en los estudios de Britannia Row para empezar a trabajar en el siguiente y esperado álbum de la banda. Gilmour se puso al frente del proceso creativo secundado por Wright y apoyado anímicamente por su nueva novia, Polly Samson. Tras las tormentosas grabaciones finales de la era Waters, el grupo trabajaba ahora en un ambiente sin tensiones que se convirtió en remanso de paz cuando regresaron al estudio flotante de *Astoria*, donde comienza a cocinarse definitivamente *The Division Bell*, nombre que propondrá el escritor Douglas Adams, amigo de los miembros de la banda y famoso por ser el autor de la serie de novelas de ciencia ficción humorística *Guía del autoestopista galáctico*.

En la primavera se produce una resurrección mediática de Syd Barrett al salir al mercado, *Crazy Diamond*, una caja recopilatoria con los dos álbumes grabados por el primer líder del grupo en 1970, *The Madcap Laughs* y *Barrett*, además de Opel, el recopilatorio con versiones inéditas de Syd lanzado por primera vez en 1988 con solo 500 ediciones en todo el mundo. En paralelo la discográfica EMI aprovecha el 20 aniversario de *Dark Side of the Moon* para lanzar una edición limitada en CD con una nueva presentación y nuevas mezclas supervisadas por Alan Parsons, el productor del disco original. La caja registradora de los Floyd funciona ahora a todo ritmo fuera de los escenarios. El primer día de diciembre la banda emite un comunicado anunciando que tiene un nuevo disco y que saldrá al mercado al año siguiente, mientras Waters salda el año con una sola anotación positiva en su casilla, su boda con la actriz americana Priscilla Phillips, que se convierte en su tercera esposa.

1994 se inaugura con nuevas noticias positivas para los negocios del grupo. A principios de marzo de *The Dark Side of the Moon* llega los 13 millones de copias vendidas y consigue su cuarto disco de platino. Además los álbumes *Atom Heart Mother*, *A Nice Pair*, *Obscured by Clouds*, *Piper at the Gates of Dawn* y *A Saucerful of Secrets*, son acreditados como discos de oro, mientras *Ummagumma* alcanza el platino, y *Meddle* es certificado multi platino con dos millones de ventas. Pero la noticia verdaderamente relevante se produce el 28 de marzo con la publicación de *The Division Bell*, un

Pink Floyd (de izquierda a derecha, Mason, Gilmour y Wright) en el Rose Bowl Stadium de Pasadena durante la gira Division Bell Tour, en 1994.

álbum que lleva como tema central el binomio comunicación-aislamiento, en el que muchos quisieron ver veladas referencias a la relación con Roger Waters, marcada por el distanciamiento y la competitividad. El proceso de creación del disco reunió de nuevo a la vieja guardia, con Bob Ezrin en la producción, Storm Thorgerson a cargo del diseño artístico, Andrew Jackson al frente del sonido y Jon Carin, Tim Renwick, Dick Parry, Guy Pratt entre los músicos de la banda de apoyo. Polly Samson, la novia de Gilmour, colaboró en la letra de las canciones «High Hope», «Lost for Words», «Keep Talking», «Take It Back», «A Great Day For Freedom», «Poles Apart» y «What Do You Want from Me?», junto a David Gilmour y Laird-Clowes –solo en un par de ellas–, Anthony Moore firmaba la letra de «Wearing the Inside Out», mientras que Wright registraba con su nombre la música de cuatro temas de nuevo como miembro oficial de la banda. EMI decidió tirar la casa por la ventana e hizo un lanzamiento espectacular, llevando a los periodistas en un dirigible que voló sobre Londres, una experiencia bastante mejor que la de la presentación en Carolina del Norte, donde el dirigible quedó inutilizado por una tormenta. El disco se colocó inmediatamente en el número uno y se convirtió en una máquina de hacer dinero. Sin embargo la reacción de la crítica especializada se cebó con el disco al que calificaron de simple, previsible, falto de ideas, oportunista y otras cuantas lindezas que espolearon a su resentido ex compañero Roger, que arremetió sin piedad contra la última creación de los Floyd.

Portada del documental *PULSE*, que recoge el último tour de la banda.

A pesar de todo, dos días después de que el disco estuviese en la calle, los Pink Floyd volvían a los escenarios en el Joe Robbie Stadium de Miami, para presentar oficialmente una gira de 112 conciertos que abrirán siempre con «Astronomy Domine», un tema de Barrett de 1967. Desde el 3 de abril al 29 de octubre de 1994 recorrerán prácticamente todos los Estados Unidos y 18 países más, visitarán 68 ciudades y congregarán a un público total de casi seis millones de personas. El tour estaba rodeado de un despliegue técnico y escénico tan enorme que sus ensayos de producción se tuvieron que hacer en una base de las Fuerzas Aéreas Norteamericanas próxima a San Bernardino, California, donde comenzaba la ruta de la gira que quedaría plasmada en el documental *PULSE*, que se convertiría a su vez en el documento del último tour de la banda. Entre el 13 y el 29 de octubre los Floyd celebraron 14 conciertos consecutivos en el Earls Court de Londres, que se convertirían en su insospechada despedida durante más de dos décadas. A pesar del distanciamiento de Roger Waters y las críticas de éste al disco, Mason, Gilmour y Wright le invitaron a unirse al tour, pero el bajista rechazó la oferta alegando los compromisos de su carrera personal.

Tras el enorme esfuerzo que ha supuesto la gira, 1995 se convierte en un año de desconexión interrumpida puntualmente por algún reconocimiento público, como el Grammy al mejor instrumental por el tema «Marooned», o el homenaje que le rinde la Orquesta Filarmónica de Londres, que interpreta una selección de sus temas en el disco *Us And Them: Symphonic Pink Floyd*. El 6 de marzo, David, Nick y Richard –Waters, una vez más, declinó la invitación– se encuentran en el 50 cumpleaños de Gilmour, sin saber que supone la última reunión de los miembros de la banda en mucho tiempo. En realidad, lo único que se mueve ese año es la cuenta corriente de Pink Floyd, engordada con la publicación el 29 de mayo de *P.U.L.S.E*, el álbum en directo grabado en el concierto londinense de la gira de *The Division Bell*. En menos de un mes, el disco se coloca en el número uno en las listas británicas y norteamericanas y se convierte en disco de platino en menos de 50 días. Las cosas parecen marchar mejor que nunca y no hay nada que indique que puedan cambiar, excepto una creciente apatía y desinterés por parte de los propios músicos.

Retornos, reencuentros y despedidas

(1996-2005)

Tres décadas después de sus primeros conciertos profesionales, Pink Floyd ingresó en el Rock and Roll Hall of Fame, en una ceremonia en la que fueron presentados por Billy Corgan, el vocalista de los Smashing Pumpkins. El 17 enero 1996 la banda entraba oficialmente en el selecto club de los más grandes de la historia del rock & roll en cualquiera de sus estilos, acompañados por David Bowie, Jefferson Airplane, The Velvet Underground, Shirelles, Gladys Knight y Pips y Little Willie John, que también fueron galardonados ese año. Durante la ceremonia, celebrada en el hotel Waldorf-Astoria de Nueva York se proyectaron vídeos con antiguas grabaciones de la banda, como su concierto vacío en Pompeya o fragmentos de sus documentales. Billy Corgan realizó un discurso de introducción en el que recordó la influencia de la banda en sus días de juventud, recordando con cariño e ironía los famosos días de *The Wall*, demasiado duros y nihilistas para sus catorce años, tal y como recogió Elliot Tayman en la revista *Brain Damage*: «a mi tierna edad de catorce años, era demasiado espeluznante, demasiado intenso, demasiado nihilista y, por supuesto, todas esas cosas en las que creo ahora». Tuvo un emocionado recuerdo personal al referirse a cómo le había ayudado la música de la banda durante la enfermedad y muerte de su abuela a causa del cáncer cuando el presentador tenía solo 17 años: «La canción de Pink Floyd "Wish You Were Here", parecía resumir todo lo que estaba sintiendo Cuando no podía soportar lo que estaba pasando en mi vida tras su muerte, escuchaba esa canción una y otra vez y todavía me hace llorar». Después hizo un homenaje especial a Syd Barrett, reconoció que la banda había trascendido las fronteras del rock & roll y dio paso a los homenajeados.

Según el comunicado oficial emitido por la organización, Waters no pudo asistir a causa de una enfermedad pasajera, cosa que, visto como estaban las relaciones entre los miembros del grupo, nadie se creyó. Barrett llevaba demasiado tiempo en el lado oscuro y su ausencia se daba por sentada, así que fue Gilmour el primero en encargarse de recordar a sus viejos compañeros, de los que dijo que «estaban tocando otra canción», a lo que Wright añadió que de alguna forma había sido Syd el que había dado el primer paso que los había llevado hasta allí y tuvo palabras cariñosas para Roger. Mason se encargó de recordar a todos los viejos compañeros y colaboradores que les habían acompañado en su carrera: los productores Bob Ezrin, Chris Thomas y Joel Plante; los ingenieros de sonido James Guthrie, Alan Parsons y Andy Jackson, los diseñados de sus portadas y sus espectáculos Storm Thorgerson, Marc Brickman y Mark Fisher y a su mánager Steve O'Rourke.

Acabó agradeciendo el premio con un aire de despedida definitiva y abandonó el escenario para sentarse entre los invitados mientras Wright se ponía al piano acompañado por Gilmour y Billy Corgan para interpretar una versión acústica de «Wish You Were Here». El único que se quedó para el broche final fue Gilmour que se unió al resto de los artistas galardonados para interpretar «Goodnight Irene», el viejo tema del folclore popular norteamericano.

En 1999, después de siete años apartado del negocio musical, Roger Waters decide reaparecer para echarse de nuevo a la carretera y desentumecer su carrera, que muchos daban ya por finiquitada. Sin ningún tipo de pudor recupera el nombre que la banda había utilizado en 1977 para la gira de presentación del álbum *Animals*, In the Flesh Tour, y el 23 de julio inicia en el Auditorio de Milwaukee, una gira que acabaría prolongándose durante tres años y que supondrá su regreso a los escenarios a todo lo grande, como él siempre concibió las actuaciones en directo. El propio cartel promocional

Caricatura que representa a todos los artistas que ingresaron en 1996 en el Rock and Roll Hall of Fame, con los miembros de Pink Floyd destacados.

revelaba su apropiación del espíritu y la herencia de Pink Floyd, cuyos demás miembros - de hecho los que ostentan oficialmente el nombre - estaban más ocupados en disfrutar de la vida alejados del escenario o en sumergirse en sus propios proyectos, como el caso de Richard Wright que en el otoño de ese año lanza su segundo álbum en solitario, *Broken China*, una obra conceptual inspirada en la lucha de su esposa Millie contra la depresión. El teclista contó con la colaboración especial de la cantante irlandesa Sinéad O'Connor en los temas «Reaching for the Rail» y «Breakthrough», un tema éste en el que David Gilmour llegó a poner su guitarra, aunque finalmente nada de esa grabación fue utilizado en la edición final. Para el diseño del disco contó con su viejo amigo Storm Thorgerson, el autor de las portadas más importantes de Pink Floyd. La crítica fue elogiosamente unánime y calificó el disco como una obra excepcional, la mejor de un miembro de la banda en solitario, rescatando al tiempo su labor fundamental como uno de los mejores creadores de melodías de Pink Floyd, un reconocimiento que le fue escamoteado con demasiada frecuencia.

Mientras tanto, en la gira In the Flesh Tour, Waters reivindica su papel de creativo de la banda y se presenta directamente en los carteles como «The creative genius of Pink Floyd», anunciando a bombo y platillo que interpretará el repertorio más famoso de la banda, tanto si se trata de temas exclusivamente suyos o en colaboración con otros miembros del grupo. Desde «Dark Side of the Moon» a «The Thin Ice», pasando por «Another Brick in the Wall (Partes 1 y 2)», «Mother», «Welcome to the Machine», «Wish You Were Here», «Shine On You Crazy Diamond» o «Dogs», el bajista recuperó las canciones que más gloria le habían proporcionado en su carrera, alejándose de sus pretensiones de emprender una nueva etapa olvidándose de sus años al frente de la banda. Gracias a este revival, que alternaba con temas de su época en solitario la gira se convirtió en un éxito tan rotundo como inesperado. Un público integrado por distintas generaciones de padres e hijos abarrotaba los conciertos y en más de una ocasión la demanda de entradas obligó a cambiar los escenarios previstos por otros de mayor aforo. Durante los últimos meses de julio y agosto Waters daría 23 conciertos en otras tantas ciudades de Estados Unidos, acompañado por una banda de ocho músicos. Incluso David Gilmour estuvo presente de alguna forma gracias a la utilización de su voz grabada en el tema «Dogs». En al año 2000 amplió el elenco a 23 músicos y revistió la gira de una mayor espectacularidad todavía para seguir cosechando éxito por toda Norteamérica. Comenzó el 2 de junio en el Ice Palace de Tampa, Florida, y finalizó el 16 de julio en

Roger Waters en el estadio de Wembley en 1999, durante su gira In the Flesh Tour.

Rhode Island, con una fecha significativa en medio, el concierto del 27 de junio en el Rose Garden de Portland, Oregón, que quedó registrado para la historia en el doble CD y DVD *In the Flesh–Live*.

Quehaceres de rockstars

En el año 2001 Waters se toma un respiro para encargarse de sus asuntos personales y tramitar su divorcio de Priscilla Phillips después de ocho años de matrimonio. El resto de la banda mientras tanto continúa con sus proyectos personales. En junio de 2001 David Gilmour participa en el Festival de Meltdown en el Royal Festival Hall de Londres, organizado por Robert Wyatt, fundador de Soft Machine. Eso dio pie a una serie de conciertos semi acústicos bajo el título genérico de David Gilmour in Concert, que se prolongarían durante el siguiente año en Londres y París, y que finalizarán en el mismo Royal Festival Hall, donde invitó a Richard Wright para que tocase los teclados en los temas «Breakthrough» y «Comfortably Numb». Nick Mason sigue muy alejado de la música, dedicado a su colección de coches en la que acumula desde un Panhard Levassor de 1902, hasta un Ferrari 250 GTO, el coche más caro del mundo, que el batería de los Floyd compró en 1977 por más de 35.000 euros. Junto a ellos, decenas de modelos nuevos y antiguos de Bugatti, Aston Martin, Bentley, Ferrari, Jaguar o Mercedes, marca de la que por cierto se compra ese año de 2001 un ostentoso Mercedes-Benz AMG del que solo se fabricaron 659 unidades en todo el mundo. En ocasiones ambos mundos, el de la música y los coches de carreras, se mezclan de forma fugaz, como en enero de ese año, cuando Mason actúo en la fiesta del Gran Premio de Fórmula 1 celebrada en el Royal Albert Hall, junto a músicos como Chris Rea, Mike and the Mechanics, Paul Stewart o Damon Hill, que hicieron lo que pudieron cuando salió a cantar el mísmisimo dueño de la Fórmula 1, Bernie Ecclestone.

Entretanto Richard Wright se mantenía literalmente apartado del mundanal ruido, repartiendo su tiempo entre su mansión de Kensington y su residencia en la pequeña y olvidada aldea provenzal de Le Rouret, en la Côte d 'Azur, a 15 millas de Niza. En líneas generales a principios del siglo XXI Pink Floyd son unos venerados dinosaurios del rock que viven de las rentas, consagrados en el Olimpo del rock, una música que lo fue todo en la segunda mitad del siglo XX pero que ve como sus herederos, el hip-hop, el nuevo soul, el moderno R&B o el pop descafeinado copan cada vez más cuota de mercado. En 2001 los discos más vendidos, según el United World Chart, son *Laundry Service*, de Shakira, con 13 millones de copias, *Songs In A-Minor*, de Alicia Keys, con 12 millones, *M!ssundaztood*, de Pink, también con 12 millones y *Britney*, de Britney Spears, con 10. Sin embargo, los ídolos del rock progresivo no han sido olvidados y esas nuevas generaciones que escuchan otras músicas, junto a los supervivientes de los años 70 y 80, siguen llenando estadios cada vez que el fantasma de los Floyd asoma en el escenario, como demuestra Roger Waters que el 27 de febrero de 2002 comienza en Ciudad del Cabo, Sudáfrica, la tercera parte del In the Flesh Tour, que en esta ocasión tendrá un carácter mundial y no pisará los Estados Unidos. Buenos Aires, Sao Paulo, Ciudad de México, Tokio, Barcelona, Milán, Estocolmo, Moscó, Londres y Berlín, serán algunas de las 30 ciudades que albergarán el espectáculo con el que el bajista recuperaba el viejo espíritu escénico de la banda, con cerdos inflables voladores, marionetas gigantes, construcción de muros en el escenario y despliegue de proyecciones lumínicas, como en los viejos y buenos tiempos. El tour echó el cierre el 30 de junio en el Festival de Glastonbury, Inglaterra, donde tocó quince canciones de Pink Floyd y cinco de su carrera en solitario ante 70.000 personas, justo después de otros dos conciertos históricos en el Wembley Arena de Londres en los que Nick Mason tuvo una mínima participación colaborando la percusión en el tema «Set the Controls for the Heart of the Sun».

El 30 de octubre de 2003 un hecho luctuoso vuelve a reunir a Gilmour, Mason y Wright: la muerte a causa de un derrame cerebral de su antiguo mánager y amigo Steve O'Rourke, en cuyo funeral, celebrado en la catedral de Chichester, interpretaron «Fat Old Sun» y «The Great Gig in the Sky». Otro viejo amigo, Dick Parry, les acompañó tocando el saxofón. Con O'Rourke desaparecía uno de los pilares fundamentales que habían ayudado a crear la leyenda de Pink Floyd, con quienes comenzó a trabajar tras la marcha de Syd y la ruptura del grupo con sus antiguos representantes, Blackhill Enterprises. Durante tres décadas negoció, amenazó y se enfrentó a las más más poderosas empresas del negocio musical, encargándose de llevar los negocios de una banda colosal que no se caracterizó nunca por su estabilidad y buenas relaciones interpersonales, especialmente después de la salida de Waters y su ruptura, profesional y personal, con el representante a mediados de los ochenta. Con el resto de los miembros del grupo siempre mantuvo una estrecha relación de amistad, especialmente con Gilmour y Mason, a quién le unía su pasión por el mundo del automóvil, en el que era tan conocido o más que en el mundo del rock & roll. Fue precisamente el batería quien definió su papel capital la historia de la banda, en una carta escrita tras el fallecimiento del mánager: «Steve, creo, era el contramaestre. Nunca se le permitió llevar el uniforme de capitán, pero a menudo se le requería para gobernar el barco a través de mares tormentosos mientras toda la tripulación se peleaba bajo cubierta por cómo repartirse el botín».

Aquel hijo de una familia de trabajadores que había comenzado vendiendo alimentos para mascotas, se había codeado con la élite mundial sin perder nunca de vista quién era y de donde venía, pero quizá su mayor momento de gloria fueron aquellas 24 horas de 1997 que corrió en el circuito de Le Mans llegando en el cuarto puesto con un McLaren F1 GTR. Tanto Gilmour como Mason rindieron tributo público a la figura de su mánager, el guitarrista dedicándole en el 2006 su álbum en solitario *On an Island* y el batería su libro *Inside Out: A Personal History of Pink Floyd*, que se publicaría el 7 de octubre de 2004, casi un año justo después de la muerte de O'Rourke. Mason era el único que se había tomado la molestia de relatar la trayectoria de aquellos chicos de clase media de un barrio londinense que habían acabado convirtiéndose en veneradas y venerables figuras mundiales.

Prueba de esta honorabilidad fue el nombramiento de David Gilmour como Caballero del Imperio Británico, con el que le distinguió aquel mismo otoño la Reina Isabel II de Inglaterra, que premiaba la generosidad y solidaridad de Gilmour con las causas sociales. Además de colaborar asiduamente en la lucha contra enfermedades como el sida o el cáncer, el guitarrista había vendido recientemente su casa de Londres, valorada en 7 millones de euros que donó a una asociación que trabaja en la reinserción de los sin techo. La concienciación social era una característica común a los miembros y ex miembros del grupo, llegando a veces a curiosos posicionamientos como el de Roger Waters que en el año 2004 se implicó personalmente en la campaña contra de la ley de la ilegalización de la caza en general y de la del zorro en particular. Waters, que aseguraba que no defendía expresamente la caza del zorro sino una visión de la vida rural británica, asistió a las dos concentraciones que se celebraron en Hyde Park y organizó un concierto a favor de la entidad que convocaba las protestas, la Countryside Alliance, lo que lo colocó en el centro de la polémica que dividía al país. Para alejarse de la presión mediática, el bajista se centró en su trabajo musical y comenzó a pasar largas temporadas fuera de Gran Bretaña.

En el mes de julio lanza dos nuevas canciones utilizando dos canales novedosos: Internet y formato CD single. Se trata de «To Kill the Child» y «Leaving Beirut», en las que recupera su eterna militancia contra la guerra en dos historias inspiradas en la invasión de Iraq y el conflicto de Oriente Medio. Tras el terremoto y el tsunami del Océano Índico en las navidades del 2004, Waters actuó junto a Eric Clapton en un concierto benéfico organizado por la BBC.

El destello fugaz de la reaparición

Fue en otro de esos eventos de tipo solidario donde se produjo por fin la confluencia ansiada durante décadas por los fans del grupo. Duró poco más de 20 minutos y sonaron solo cuatro canciones, pero sirvió de broche de oro no sola para la trayectoria de la mítica banda, sino de toda la época gloriosa del rock progresivo. El 2 de julio de 2005, 24 años después del último concierto del The Division Bell Tour en Earls Court, en octubre del 94, David Gilmour, Roger Waters, Richard Wright y Nick Mason, volvieron a subir juntos a un escenario, gracias a los desvelos y la terquedad de Bob Geldof. El organizador del Live Aid, celebrado simultáneamente en Londres y Philadelphia, solo había conseguido tener a David Gilmour en aquella ocasión. Ahora no solo quería aumentar a once los conciertos simultáneos en todo el mundo, sino que quería tener como estrellas a los Pink Floyd en pleno, y lo consiguió. Geldof, llevaba años intentando reunirlos –y no era el único– encontrándose siempre con evasivas y negativas, sobre todo de Gilmour, quién calificaba este tipo de reuniones de bandas históricas como «acostarse con tu ex mujer», tal y como recoge Philip Norman en su libro sobre Mick Jagger. El primero en aceptar fue Waters, convencido de antemano de la importancia histórica de un evento llamado a despertar conciencias sobre los grandes retos de la humanidad: el hambre, la guerra y la desigualdad. Mason y Wright también se mostraron dispuestos, pero en su primera llamada a Gilmour, Bob Geldof se llevó una negativa, una actitud que Nick Mason describió muy gráficamente en una entrevista concedida a la BBC a principios del 2011, en plena época de rumorología de un nuevo retorno de la banda: «Puedes llevar a un caballo

La insistencia de Bob Geldof consiguió reunir en julio de 2005 a David Gilmour, Roger Waters, Nick Mason y Richard Wright en el Live Aid de Londres.

a la orilla de un río, pero no puedes obligarlo a beber. Y a alguien como Dave ni siquiera se lo puede llevar hasta la orilla». Al final fue Waters el que se puso en contacto con Gilmour, reanudando un contacto perdido hacía demasiado tiempo y que tuvo la virtud de acercar lo suficiente a los dos viejos camaradas como para que volviesen a compartir un escenario.

Entre un despliegue inusitado de mega estrellas del rock y del pop como Elton John, Paul McCartney, Madonna, Sting, R.E.M., George Michael, U2 o The Who, entre un largo etcétera de luminarias, los cuatro amigos que habían compartido pupitres y escenarios desde la adolescencia se convirtieron en protagonistas de un concierto histórico que se transmitió en directo hasta el último rincón del planeta. Un millón de espectadores, pudieron disfrutar en vivo de la interpretación que los resucitados Pink Floyd hicieron de «Aspea to Me», «Breathe/Breathe Reprise», «Money», «Comfortably Numb», «Wish You Were Here», la canción que marcó el momento cumbre de la noche cuando Gilmour y Waters cogieron las guitarras acústicas y Roger le dedicó el tema al gran ausente esa noche, Syd Barrett, cuya genial locura había sobrevolado sobre la banda durante 37 años. Por unos minutos volvieron a sonar las cajas registradoras, volvieron a volar los cerdos, volvieron los muros y las proyecciones. La frase «No more excuses» que presidía el enorme escenario, adquiría un doble significado: no solo era el mensaje que los asistentes querían lanzar al G8, los países más poderosos, para que acabasen con el hambre en el mundo, sino que parecía sellar largos años de rencillas, resquemores y ausencias mal justificadas.

El éxito desató todas las especulaciones y suscitó todo tipo de intereses en torno a una posible reunificación o nueva reunión de la banda. Fue la última epidemia de fiebre Pink Floyd. Durante las semanas posteriores al concierto las ventas de discos y DVD de la banda se dispararon. solo con el álbum *The Wall*, las ventas del grupo subieron más de un 3.600%. La mayor parte de esos beneficios fueron a parar causas solidarias, al hacer la banda una cesión de royalties. Todos los miembros del grupo tenían unas robustas cuentas corrientes que les permitían satisfacer sus caprichos e inquietudes personales y artísticas y además rechazar las ofertas millonarias que les llovieron durante aquella época para que volviesen a tocar juntos. Entretanto cada uno sigue con sus proyectos personales. Gilmour está sumergido en la creación de un nuevo disco en solitario, Wright se mantiene al margen de casi todo, cuidando de su delicada salud, Mason sigue jugando con sus coches y sus aviones y Waters se embarca en el lanzamiento de

Nick Mason y David Gilmour en el ingreso de Pink Floyd en el UK Music Hall of Fame, el 16 de noviembre de 2005.

su primera ópera, *Ça Ira*, que acabará colocándose en el número cinco de la lista Billboard Classical Music Chart en Estados Unidos.

El año del reencuentro se cierra con un nuevo reconocimiento al grupo. El 16 de noviembre Pink Floyd ingresan por la puerta grande en el UK Music Hall of Fame, que se había inaugurado el año anterior con The Beatles, Michael Jackson, Madonna, Bob Marley, Elvis Presley, Queen, Cliff Richard & The Shadows, The Rolling Stones, U2 y Robbie Williams. En esta ocasión los Floyd compartieron honores con Jimi Hendrix, Bob Dylan, The Who, The Kinks, New Order y al locutor de radio John Peel, fallecido el año anterior. Su introductor fue otro veterano de los tiempos del Swinging London, Pete Townshend. Una vez más la ceremonia estuvo plaga de ausencias, aunque esta vez plenamente justificadas o subsanadas: Gilmour y Mason estuvieron presentes en la gala, Waters participó a través de vídeoconferencia y Wright excusó su obligada incomparecencia a causa de una operación en los ojos. Las asperezas parecían definitivamente limadas. Quizá era el trabajo de los años que los había vuelto más sosegados y juiciosos, como reconocía Waters en una entrevista publicada por Fernando Neira en marzo de 2008 en el diario *El País* en la que además descartaba la posibilidad de dejar escrita su propia visión de la historia de la banda, tal como había hecho Mason, para no tener que abrir viejas heridas: «Cuando leí *Chronicles*, la autobiografía de Dylan, me gustó por su carácter insólito, pero me asombró que en ningún momento tuviera nada malo que decir de nadie. La verdad es que yo no estoy seguro de poder escribir mi libro sin... sin meterme con algunas personas. Ya he sido lo bastante negativo, así que no quiero verme en la tesitura de polemizar con Nick Mason o cualquier otro. solo escribiré ese libro si soy capaz de mostrarme como soy y decir lo que tengo que decir sin tener que acusar a nadie de nada».

La recta final

(2006 en adelante)

Ante los persistentes rumores sobre una posible retorno de los reunificados Pink Floyd y para evitar malos entendidos y falsas interpretaciones, a finales de enero del 2006 David Gilmour hace saber al público en general y al resto de la banda en particular, que no tenía intención de participar en ninguna reunión y anuncia su intención de seguir volcado en su carrera individual. Para demostrarlo, el 6 de marzo, día de su cumpleaños, publica *On an Island*, su tercer álbum en solitario, en el que ha contado con la colaboración de su amigo Richard Wright en los teclados. El resto de la banda estaba integrada por Phil Manzanera a la guitarra, Guy Pratt al bajo, Jon Carin en los teclados y la guitarra, Dick Parry al saxo, Robert Wyatt en la trompeta y Steve DiStanislao a la batería, con el apoyo a los coros de David Crosby y Graham Nash. Aunque recibió críticas por el repetitivo continuismo creativo de Gilmour, el disco tuvo una magnífica acogida comercial, acabó vendiendo un millón de copias en el primer mes de su lanzamiento y recibió una nominación al Grammy. El 7 de marzo, un día después de que el disco se pusiera a

Roger Waters en la gira The Dark Side of the Moon Live, en el año 2006.

la venta, Gilmour se embarca en una gira por Europa, EE. UU y Canadá. El primer concierto se celebra en el Mermaid Theatre de Londres y el último, cuatro meses después, en Gdansk, Polonia, donde contó con el espectacular respaldo de la Orquesta Filarmónica del Báltico. En total serán 33 conciertos en los que estaría acompañado por Richard Wright, en su última gira juntos a la que se sumaría fugazmente Mason, que se unió a la interpretación de «Wish You Were Here» en el concierto celebrado en Londres 31 de mayo del 2006. Parece ser que incluso Waters fue invitado a participar, cosa que declinó alegando sus múltiples compromisos artísticos y laborales.

De hecho Waters afrontaba por entonces uno de los grandes retos de su carrera en solitario, su The Dark Side of the Moon Live, que comenzaría el 2 de junio en el Festival Rock In Rio de Lisboa y duraría dos años, recorriendo Europa y Estados Unidos con un espectáculo en el que recuperaba las esencias y la espectacularidad sobre el escenario de la primitiva gira de presentación de *The Wall*. El show se dividía en dos partes y durante la primera tocaba un repertorio híbrido de temas propios y canciones de la época de Pink Floyd, para dedicarla segunda parte íntegramente a interpretar el disco de 1973 *The Dark Side of the Moon*, por primera vez en más de 30 años. El remate final era una serie de bises en los que tocaba cinco temas de *The Wall*, mientras desplegaba toda la parafernalia de inflables voladores, marionetas, proyecciones psicodélicas y efectos lumínicos varios. Waters invitó a Mason a sumarse a la gira, cosa que el batería hizo en diez ocasiones, la primera en el concierto del 12 de junio en el Egilshöll Arena, de Reykjavik y la última el 12 de mayo de 2007 en el Earls Court de Londres, interviniendo siempre en la segunda parte del concierto. Roger Waters planteó una gira descomunal que le llevó a hacer 120 conciertos en los cuatro puntos cardinales, desde Australia y Nueva Zelanda a Noruega o Rusia, pasando por China, Japón, Emiratos Árabes, India, prácticamente toda Europa y Estados Unidos y una gira especial por Latinoamérica que visitó México, Argentina, Chile, Perú, Brasil y Colombia. El apoteósico punto final lo puso el 6 de junio del 2008 en la Plaza del Palacio de San Petersburgo.

El ecilpse de un astro apagado

Y mientras todos estaban ocupados en sus giras y en la preparación de nuevos proyectos, el 7 de julio del 2006, en una pequeña y modesta casa de St. Margaret Square, en Cambridge, moría Syd Barrett a los 60 años de edad, según el parte médico, a causa de complicaciones derivadas de la diabetes que padecía desde hacía años. En realidad fue el punto final a un proceso de deterioro de casi cuatro décadas. La familia decidió celebrar el funeral en la más estricta intimidad. De hecho, Syd Barret había dejado de existir el día que decidió regresar a Cambridge, acogerse al refugio familiar y abandonar su nombre artístico para volver a llamarse Roger Barrett. Hacía años que no tenía la más mínima conexión con la música, excepto algunos programas que veía en televisión, sus gastados discos y la cuenta bancaria, a la que apenas prestaba atención dada la modesta vida que llevaba y en la que después de su fallecimiento se habían acumulado más de dos millones de euros.

Syd Barrett en 2006, con 60 años, poco antes de su muerte.

Parece ser que Dave Gilmour se ocupó de que su antiguo compañero recibiese puntualmente el dinero que le correspondía por los derechos de autor y el porcentaje en las ventas de discos durante más de 30 años, la mayor parte de los cuales el primer líder de la banda los había pasado en la misma casa familiar en la que murió, primero al cuidado de su madre Winifred, y después al de su hermana Rosemary. Syd había pasado la mayor parte del tiempo pintando, viendo la televisión, cuidando su jardín, leyendo todo lo que caía en sus manos y escuchando viejos discos de blues y jazz. Lo único que no hizo fue tocar ni una nota.

Cuentan quienes le trataron en aquellos últimos años, que a pesar de su deterioro mental no había olvidado quién era, ni a sus compañeros, ni los enloquecidos años de su juventud, aunque también hay quien mantiene exactamente lo contrario y que ignoraba su azarosa vida a pesar de la cantidad de curiosos y fans que de vez en cuando seguían acercándose por el barrio con la esperanza de ver a aquella vieja estrella del rock, convertida en una sombra casi irreconocible. En los últimos años se había ido encerrando cada vez más en sí mismo y su última aparición pública se había producido cuatro años antes, en 2002 cuando participó en la firma de ejemplares del libro *Psychedelic Renegades*, del fotógrafo Mick Rock, su antiguo amigo y compañero de piso, que incluía algunas imágenes suyas. Gilmour, Mason y Wright, los Pink Floyd oficiales, emitieron un comunicado en el que escuetamente reconocían el legado de Syd: «La banda está, naturalmente, muy afectada y muy triste tras haberse enterado de la muerte de Syd Barrett. Él fue la luz que guió a la banda en sus comienzos y deja un legado que continúa inspirando». Roger Waters se encontraba en los Países Bajos con su gira The Dark Side of the Moon Live y no emitió ningún comunicado público, aunque en realidad su despedida estaba escrita hacía mucho tiempo en una canción que decía: «Descubriste el secreto demasiado pronto, lloraste por la luna, brillaste, loco diamante».

La muerte de uno de los fundadores de la banda volvió a centrar la atención sobre el grupo original y las posibilidades de reunión de los supervivientes antes de que fuera demasiado tarde. Ellos responden invariablemente con el silencio. El jueves10 de mayo de 2007 la posibilidad de una nueva reunión de los cuatro supervivientes de la banda volvió a hacer correr ríos de tinta. Diez meses después de la muerte de Barrett un nutrido grupo de antiguos amigos y compañeros del artista organizaron un concierto de homenaje en el Barbican Centre de Londres. The Madcap's Last Laugh, que tal fue el nombre del evento en referencia al primer álbum como solista de Syd, fue un éxito absoluto, con un público entregado que llenaba el teatro y que durante toda la noche esperó, en vano, que sobre aquel escenario se volviesen a reunir una vez más los cuatro miembros originales de Pink Floyd. El evento fue organizado por el productor Joe Boyd, su viejo compañero de fatigas de los días en que él dirigía el Club UFO y Nick Laird-Clowes de la Dream Academy y participaron Chrissie Hynde, Kevin Ayers, Captain Sensible & Monty Oxymoron, Robyn Hitchcock, Damon Albarn, Kate St. John & David Coulter, The Bees, Vashti Bunyan, Mike Heron, Martha Wainwright, Kate McGarrigle & Lily Lanken, Damon Albarn, Robyn Hitchcock, Gordon Anderson & Sense of Sound Choir, John Paul Jones & Ruby Wright y Adam Seymour.

Roger Waters tomó parte del concierto casi en el último minuto y actuó al final de la primera parte junto a Jon Carin, interpretando «Flickering Flame», un tema de su álbum individual *Flickering Flame:The Solo Years Volume 1*, del año 2002. De hecho, en un gesto difícil de entender, Waters fue el único que no interpretó una canción de Barrett, tal y como hicieron el resto de los artistas esa noche. David Gilmour, Nick Mason y Rick Wright salieron

«Descubriste el secreto demasiado pronto, lloraste por la luna, brillaste, loco diamante», escribió Roger Waters sobre su amigo Syd Barrett, fallecido en 2006.

al final para interpretar «Arnold Layne». Todas las miradas esperaron ansiosas a que apareciese Roger Waters, pero este se había esfumado camino del aeropuerto y tampoco participó en la jam final en la que intervinieron todos los músicos participantes en el homenaje al genio enloquecido de Syd. La explicación la dio Joe Boyd y sonó a excusa: que tuvo que marcharse antes de tiempo para llegar a una cita con su novia en el aeropuerto. Lo cierto es que al día siguiente del homenaje Roger celebra un concierto en el Earls Court de Londres, donde repite un día más antes de partir para Irlanda y seguir con su gira The Dark Side of The Moon Live, a la que aún le queda algo más de un año de vida. Eso no le impide al bajista involucrarse en proyectos de acción y sensibilización social, como el Live Earth, un macro evento para llamar la atención sobre los graves efectos del cambio climático, que se celebró el 7 de julio de 2007 de forma simultánea en once ciudades de todo el mundo y que fue emitido por 120 cadenas de televisión a todo el planeta. Waters participó en el concierto del Giants Stadium de New Jersey junto a otras 18 estrellas de la música entre las que figuraban The Police, Smashing Pumpkins, Bon Jovi, el rapero Kanye West, Kelly Clarkson, DMB, KT Tunstall o Alicia Keys.

Ricos, famosos y polémicos

Siguiendo casi un patrón no escrito, mientras Waters celebra conciertos monumentales y se zambulle en todo tipo de polémicas y causas políticas, Gilmour se dedica a vivir retirado en su música y aprovechar sus escasas declaraciones públicas para descartar cualquier posibilidad de nueva reunión con sus viejos compañeros como hizo al final del verano del 2007: «No veo por qué querría volver algo tan viejo. Es muy retrógrado. Quiero mirar más allá, y mirar hacia atrás no me divierte». Claro que tampoco ayuda mucho Rogers Waters que no derrocha precisamente halagos a su compañero, como en una rueda de prensa celebrada a principios de ese años antes de un concierto en Chile: «Nosotros nunca fuimos realmente amigos. Incluso, cuando estábamos juntos en Pink Floyd, nunca socializamos mucho La verdad es que esa pregunta habría que hacérsela a él (Gilmour), cómo se siente él conmigo. He leído algunas cosas en los periódicos un poco raras que ha dicho sobre mí, pero lo cierto es que él se ha sentido como el rey del castillo durante muchos años y por eso se vuelve un poco complicado», tal y como recoge el digital *El Mostrador.cl*.

Todas las tiranteces internas no desdibujan la importancia histórica de la banda que acumula royalties y galardones. El 27 de agosto del 2008 Pink Floyd recibieron el mayor reconocimiento a sus más de cuatro décadas de historia musical al serles concedido el Polar Music Prize, considerado el premio Nobel de la música. El jurado quiso reconocer algo más que su música y premió su «posición destacada y significación en la combinación de arte y música en la música pop», reconociendo implícitamente su dimensión como fenómeno cultural y su influencia en los movimientos sociales de los años 60, destacando su capacidad para «capturar y formar reflexiones y actitudes para toda una generación». Ni siquiera esta vez los supervivientes de la banda estuvieron al completo. Fallaron David Gilmour e Richard Wright, a los que se encargó de disculpar públicamente Nick Mason quien acudió a Estocolmo con Roger Waters para recibir el premio en nombre de la banda de manos del rey Carlos Gustavo de Suecia. En la ceremonia un grupo de artistas suecos interpretó los temas más míticos de la banda culminados con el inevitable «Another Brick in the Wall».

La ausencia de Wright en los premios Polar estaba plenamente justificada. Por aquellos días su cáncer entraba en fase terminal y el lunes 15 de septiembre de 2008, el teclista de la banda, fallecía a los 65 años de edad. Dejaba una herencia personal de más de 24 millones de libras esterlinas (unos 28 millones de euros) que fueron a parar a sus tres hijos: James, que entonces tenía 42 años, Gala, de 39 años y Ben, de 17. Las tres esposas que tuvo a lo largo de su vida quedaron fuera del testamento. Pero su legado artístico y musical era universal, aunque menos reconocido de lo que hubiese sido justo. El miembro más discreto y probablemente más maltratado de Pink

Richard Wright, el teclista de la banda, el más discreto y probablemente más maltratado miembro de Pink Floyd, falleció en 2008 a los 65 años de edad.

Floyd, fue enterrado en una ceremonia íntima, alejada del foco de la atención pública. Quizá el epitafio más cercano a la realidad fue la declaración de su viejo compañero Roger Waters, quién manifestó a la prensa: «Entre las innombrables discusiones que hemos tenido para saber cuál era la identidad de Pink Floyd, a menudo se ha olvidado la contribución de Richard». Las posibilidades de volver a ver a la banda al completo se esfumaban para siempre. Pink Floyd se convertía de forma inexorable y definitivamente en una leyenda del pasado, pero seguía siendo una máquina de hacer dinero y eran muchos los que querían sacar tajada. En febrero del 2010 los abogados de la banda se querellaron con la compañía discográfica EMI, a la que acusaban de estar comercializando canciones de Pink Floyd en Internet sin la pertinente autorización de sus componentes. El resultado fue que la banda se llevó 60.000 libras esterlinas (71.388 euros) en concepto de indemnización y quedó prohibida la comercialización en internet de los discos y temas de los Floyd.

Afortunadamente despreocupados por cuestiones económicas, los antiguos miembros de la banda siguen sin perder su espíritu colaborativo con las causas solidarias y de vez en cuando éstas les llevan a coincidir en los escenarios a pesar de todas las distancias y rencillas públicas. Eso fue lo que sucedió el 10 de julio en Kiddington Hall de Oxford, cuando Roger Waters y David Gilmour interpretaron juntos de nuevo «Another Brick In The Wall (Part Two)», gracias al capricho de un millonario, Arpad Busson (dado a la filantropía, la caridad y a acumular ex de extraordinaria belleza como Elle Macpherson o Uma Thurman), que había ofrecido 50.000 dólares si lo hacían. Ese dinero y el resto de la recaudación del evento irían a parar a la Hoping Foundation, una organización benéfica que recauda fondos para los niños palestinos, y esta vez fue Gilmour quien convenció a Waters para actuar e interpretar no solo el famoso tema del ladrillo y el muro, sino también «Wish You Were Here», «Comfortably Numb» y una versión de «To Know Him Is To Love Him» de Phil Spector, ante una afortunada audiencia de pocos más de 200 personas. Waters se mostró satisfecho con aquella oportunidad e hizo comentarios sobre la posibilidad de alguna futura reunión durante el nuevo tour que estaba preparando, The Wall Live, que comenzaría el 15 de septiembre de 2010 en Toronto, Canadá, su última macro gira, hasta el momento.182 conciertos, 28 países visitados más de tres millones de espectadores y casi 500 millones de dólares recaudados, son las apabullantes cifras de este impresionante tour que duraría tres años y que finalizaría el 12 de septiembre de 2013 en París. Waters desplegó su concepto de gran producción en todo su esplendor con proyecciones más espectaculares que nunca, inflables más numeroso que nunca y muros impresionantes que nunca. Superándose a si mismo, logró colocar The Wall Live en el tercer puesto de las giras más exitosas de todos los tiempos.

Durante la primera parte estadounidense de la gira, durante el otoño, se suscitó una nueva polémica en torno al bajista de los Floyd que fue acusado de antisemistmo por la Liga Antidifamación, una entidad judía norteamericana que afirmaba que las imágenes proyectadas durante el tema «Goodbye Blue Sky» en las que un bombardero B52 que deja caer símbolos, entre ellos la estrella de David y el signo de dólares, fomentaba estereotipo difamatorios sobre el pueblo judío. Waters zanjó la cuestión con una carta en la que explicaba que los símbolos proyectados llevaban la intención de mostrar el sufrimiento que la guerra causa a la población civil. La polémica y el éxito caminaban de la mano del ex bajista de Pink Floyd que durante aquella gira volvió a reunirse con su némesis en el grupo, David Gilmour. Fue el 12 de mayo de 2011 en el O2 Arena de Londres y el encuentro estuvo al nivel de la espectacularidad del show: mientras Waters y la banda de la gira interpretaban «Comfortably Numb», Gilmour apareció caminando con su guitarra por encima del muro montado en el escenario, recordando el número tal y como lo interpretaban en el The Wall Tour en 1980 y 81. Para entusiasmo de los asistentes, Gilmour regresó al escenario en el último tema, «Outside the Wall», pero esta vez además lo hizo acompañado de Nick Mason. Lo que quedaba de Pink Floyd volvían a estar juntos sobre un escenario, por última vez hasta el momento.

Vivos y coleando

Cada vez más alejados de las primeras páginas, pero nunca olvidados, los componentes de la banda siguen en activo, cada uno a su estilo. Gilmour sigue actuando de forma esporádica y participando en eventos como el Douglas Adams 60th Birthday Party, un homenaje al difícilmente calificable escritor Douglas Adams, el autor de la serie de novelas *The Hitchhiker's Guide to the Galaxy (La guía del autoestopista galáctico)* y el hombre que había sugerido a Pink Floyd el título de su disco *The Division Bell*. Gilmour se convirtió en la estrella de la fiesta: hizo una versión acústica de «Wish You Were Here», tocó «Too Much Monkey Business» de Chuck Berry y remató con «Whiter Shade of Pale» de Procol Harum. Por su parte Waters sigue enfrascado en su largo tour The Wall Live y se casa con su cuarta esposa, Laurie Durning. Mason, que sigue dedicado a sus negocios y sus coches, es nombrado honoríficamente Doctor en Letras de la Universidad de Westminster, en una ceremonia celebrada el 26 de noviembre de 2012, en la vieja y entrañable la Escuela Politécnica de Arquitectura de Regent Street, donde había comenzado el largo periplo de Pink Floyd y que había sido reconvertida en universidad.

Roger Waters sigue prefiriendo las batallas políticas. En agosto de 2013 el bajista hace un llamamiento público a lo que calificó como la 'familia del rock' a sumarse a un boicot cultural mundial al estado de Israel y proclama su rechazo al *apartheid* en Israel y la Palestina ocupada. Esta vez las acusaciones de antisemitismo arrecian y no precisamente por la interpretación de uno símbolos en una pantalla. Waters, activamente comprometido con la campaña Boicot, Desinversión y Sanciones contra Israel (BDS), al igual que Elvis Costello, Carlos Santana, Brian Eno o los Pixies, ha hecho de la causa palestina uno de sus últimos caballos de batalla e incluso le ha llevado a tener más de un desencuentro con compañeros de profesión como Caetano Veloso, Gilberto Gil, Jon Bon Jovi o la estrella de la radio y televisión norteamericana Howard Stern.

Y de repente, cuando ya nadie lo esperaba, el 7 de noviembre de 2014 aparece un nuevo disco de Pink Floyd, *The Endless River*, un homenaje al desaparecido Rick Wright, anunciado como el último álbum de la banda, 21 años después de su último trabajo de estudio, *The Division Bell*. Se trata precisamente de una recuperación de temas descartados en la edición final de aquel disco. El material había sido recopilado en su día por el ingeniero de sonido Andrew Jackson, que había realizado una hora de montaje titulado provisionalmente The Big Spliff, y que quedó archivado, Tras la muerte de Wright, Gilmour y Mason retomaron el proyecto y añadieron nuevo material al antiguo y se lo entregaron en el año 2012 a Phil Manzanera, que junto a Martin Glover 'Youth' y Andy Jackson, produjo un disco de casi 53 minutos de música ambiental que la discográfica Parlophone promocionó a bombo y platillo, lo que unido a la novedad que suponía para miles de fans de la banda, acabó aupándolo al primer puesto de las listas británicas desde el momento de su salida.

Pero a mediados de agosto de 2015 los Pink Floyd vuelven a las páginas de la prensa con una noticia que es todo un certificado de defunción. Es de nuevo David Gilmour quien realiza unas declaraciones a la revista *Classic Rock Magazine* con las que prácticamente entierra toda ilusión de un posible retorno: «He estado 48 años en Pink Floyd y ya he terminado con ello. Y esos años que hoy se consideran como nuestro apogeo eran 95 por ciento musicalmente satisfactorios y alegres y lleno de diversión y risas. Ciertamente, no quiero dejar que el otro cinco por ciento de mi visión ensucie lo que fue un largo y fantástico tiempo juntos». Solo seis meses después, en su edición de diciembre la revista Rolling Stone, publica una entrevista con Roger Waters en la que el bajista acaba de remachar los clavos del ataúd del regreso al contestar sobre su relación con el resto del grupo: «Nick Mason y yo nos adoramos. Hubo una pequeña distancia cuando me fui de la banda, pero ahora somos grandes amigos. Rick está muerto, tristemente. Y Syd está muerto, tristemente. David y yo nunca fuimos amigos, para nada, así que no tenemos nada que ver el uno con el otro, y yo estoy contento con eso».

Y cada uno sigue el camino que se trazaron hace ya muchos años. Nick Mason vive su dorado retiro entre joyas del motor, David Gilmour sigue actuando cuando y donde le apetece y Roger Waters alterna su afición al golf, que suele practicar en Sotogrande, Cádiz, con sus giras de conciertos, en los que sigue desplegando toda su creatividad musical y su militancia

Nick Mason, el mítico batería de Pink Floyd, ya retirado, ha sido desde siempre un gran coleccionista de coches de lujo.

social, como sucedió durante el celebrado el primero de octubre de 2016 en el Zócalo de Ciudad de México, en el que el cerdo inflable sobrevoló al público con la leyenda "Vivos se los llevaron, vivos los queremos", en alusión a los 43 estudiantes desaparecidos de Ayotzinapa. Además proyectó mensajes sobre el escenario con textos como "No necesitamos un muro" o "Trump eres un pendejo". Precisamente el nuevo presidente de los Estados Unidos se ha convertido en su nuevo archienemigo, del que tiene una opinión clara y rotunda: «Es un cerdo ignorante, siempre lo ha sido y lo será».

Y mientras cada uno de los miembros supervivientes de la banda sigue su propio camino y Pink Floyd se convierte en una reliquia musical y cultural, las redes sociales y la prensa musical se siguen sobresaltando de cuando en cuando con falsas noticias sobre nuevos reencuentros, rumores sobre contactos entre los músicos y resurrecciones ilusorias de una banda que se resiste a desaparecer en el imaginario colectivo de varias generaciones.

3. CONCIERTOS MEMORABLES

Si hay una banda en la historia del rock que se defina absolutamente por el nivel de sus actuaciones en directo, esa es Pink Floyd. Desde el primer día, cuando improvisaban cuadros de luces manuales con bombillas clavadas en un listón de madera o lanzaban pompas de jabón coloreadas, hasta sus últimos conciertos en los gastaban presupuestos de 25 millones dólares en mover más de 50 camiones, escenarios de cientos de toneladas de acero y un equipo de más de 150 personas, lo apostaron todo a sus presentaciones en directo. Sus actuaciones eran más que conciertos de rock, eran espectáculos en los que exponían su creatividad con elevadísimas dosis de improvisación. Ningún concierto era igual al anterior, ni siquiera en los tiempos de mayor fama, cuando las presentaciones se sucedían una tras otra, con el mismo orden de canciones y los mismos efectos escénicos. Siempre había un momento de magia.

Los conciertos de Pink Floyd tenían unas dimensiones totalmente desconocidas en su tiempo, no solo por el número de fans que convocaban, sino por sus impresionantes montajes. Sus marionetas gigantes, sus inflables con todo tipo de formas, sus instalaciones escénicas eran una mezcla de ingeniería y diseño en la que se derrochaba talento y creatividad. Toda la parafernalia de sus puestas en escena forma parte de la iconografía de la cultura pop del siglo XX: sus cerdos voladores, sus aviones estrellándose sobre el escenario, sus banderas con los martillos cruzados de The Wall, sus marionetas gigantes y sus alucinantes proyecciones de imagen y luz. La grandiosidad de sus montajes les llevó a la gloria y también a la quiebra e incluso a veces eclipsó su faceta estrictamente musical.

Justo es reconocer que la mayor parte de este despliegue creativo se debe a la voluntad de Roger Waters, que apostó siempre por la grandiosidad teatral en el escenario. Eso fue también parte del origen de sus diferencias con el resto de la banda y su posterior salida de la misma. Los grandes éxitos y los grandes fracasos de Pink Floyd estuvieron siempre más vinculados a sus actuaciones en directo que a la producción de sus discos, algo que de todas formas iba indisolublemente unido en las más de las ocasiones. La mayoría de los temas se experimentaban en los directos, cobraban vida en los discos y se desarrollaban libremente en las giras de presentación. En 39 años de conciertos tuvieron actuaciones memorables y actuaciones deleznables, aunque bastantes menos de estas últimas. Hubo anécdotas para todos los gustos, ausencias, flaquezas y genialidades. Todos y cada uno tienen una importancia singular y marcaron la evolución de la banda. Aquí os ofrecemos un viaje por una veintena de ellos.

All Night Rave

Roundhouse, Londres, 15 de octubre de 1966

El bautismo de fuego

El quince de octubre de 1966 Pink Floyd recibieron su bautismo como miembros de la escena underground con su actuación en la fiesta de inauguración de *International Times*, la revista de referencia de la contracultura londinense. Junto a The Soft Machine dieron un concierto para más dos mil personas que abarrotaban el local, su mayor audiencia hasta el momento. A pesar de ser unos absolutos desconocidos para el gran público, publicaciones como *Melody Maker* o *Sunday Times* se hicieron eco de su actuación, destacando su imaginativa puesta en escena, con proyecciones de imágenes distorsionadas en una gran pantalla y efectos de sonido. En la fiesta, que se celebró en unos enormes y ruinosos almacenes de ferrocarril, se exhibieron películas, se lanzaron flores, globos, gelatina, se encendieron antorchas y se consumió mucho LSD. La cita reunió a los más selecto de la modernidad londinense, entre la que se encontraba Michelangelo Antonioni, que tres años después les llamaría para que compusiesen parte de la banda sonora de su película *Zabriskie Point*.

The 14 Hour Technicolor Dream

Alexandra Palace, Londres, 29 de abril de 1967

Los príncipes de la psicodelia

Convertidos ya en una figura emergente de la psicodelia local, Pink Floyd son invitados de nuevo por la revista *International Times* para participar en un concierto celebrado en el Gran Salón del Alexandra Palace, un antiguo teatro victoriano de Londres en el que funcionaban unos estudios de la BBC. Pensado como un acto multidisciplinar en la que participaron músicos, poetas y artistas de distintas especialidades, se convirtió en un histórica fiesta de psicodelia londinense en la que también actuaron bandas de rock psicodélico y progresivo como The Pretty Things, Soft Machine, The Crazy World of Arthur Brown, The Move, The Deviants, The Purple Gang y Tomorrow; bandas de rhythm & blues como Jimmy Powell & The Five Dimensions, representantes del movimiento mod como John's Children o Pete Townshend; músicos de blues como Alexis Korner, Champion Jack Dupree o Savoy Brown, actores como Dick Gregory y artistas plásticos como Barry Fantoni o Yoko Ono. La película *Tonite Let All Make Love in London*, de Peter Whitehead, contiene la legendaria actuación de Pink Floyd, casi al amanecer, en plena euforia de una fiesta marcada por el consumo de LSD, que consolidó definitivamente a la banda ante un público selecto que incluía a John Lennon, Eric Burdon y Jimi Hendrix.

Games For May

Queen Elizabeth Hall, Londres, 12 de mayo de 1967

La primavera del Azimuth

El Games For May fue una fiesta psicodélica de salutación a la primavera organizada por Blackhill Enterprises, la agencia montada por los miembros de la banda más Peter Jenner y Andrew King, en la que Pink Floyd ofreció un concierto improvisado, con un alarde de puesta en escena que desarrollaría en futuras presentaciones en directo. Interpretaron temas de sus primeros sencillos y experimentaron con temas de su primer álbum, *The Piper at the Gates of Dawn*, que saldría tres meses después. Barrett, Mason, Wright y Waters echaron el resto en escenario en el que usaron efectos de luces e imágenes. Esa fue la primera vez que usaron el coordinador Azimuth, un aparato fabricado por Bernard Speight, un ingeniero de los estudios Abbey Road, que mezclaba los sonidos del órgano manejado por Richard Wright con efectos de sonido que se proyectaban desde distintos puntos de la sala. También usaron por primera vez sonido cuadrafónico y plantearon su actuación como un espectáculo conceptual: usaron una máquina de pompas de jabón, proyectaron diapositivas y efectos de luz e incluso usaron un figurante vestido de almirante para repartir flores entre el público. La revista underground *International Times* calificó el espectáculo como «un auténtico concierto de cámara del siglo XX», pero el material usado dejó la sala llena de suciedad, con el consiguiente enfado de los responsables del local y su contagio en otras salas que pusieron todo tipo de objeciones a este tipo de montajes de la banda.

UFO Festival

Club UFO, Londres, 1 y 2 de septiembre de 1967

El club de los extraterrestres

Un mes antes de echar el cierre, el Club UFO, templo de la psicodelia londinenses entre 1966 y 1967, celebró un festival en el que las estrellas fueron

Pink Floyd, que habían actuado una decena de veces ante artistas del renombre de Jimi Hendrix o Eric Burdon, convirtiéndose casi en la banda de cabecera del local. En esa ocasión, junto a los Floyd actuaron las bandas más punteras del rock progresivo británico: Soft Machine, The Move, Tomorrow, Arthur Brown y Denny Laine. Fue la despedida del grupo del local que les había acogido como banda estrella de la psicodelia londinense, justo antes de que comenzasen a volar más alto, actuando en grandes escenarios y con grandes producciones. También fue el último concierto psicodélico que se celebró en el club.

Mydsummer High

Hyde Park, Londres 29 de junio de 1968

Esplendor en la hierba

El mismo día que salió al mercado su segundo álbum de estudio, *A Saucerful of Secrets*, Pink Floyd inauguraron el primer concierto gratuito en el parque más famoso de Londres, en el que también participaron Jethro Tull, Roy Harper y Tyrannosaurus Rex, la banda de Marc Bolan. El famoso disc-jockey John Peel lo calificó como el mejor evento al aire libre que había vivido nunca, claro que él fue uno de los que tuvo la habilidad de contratar una barca de remos y ver, y sobre todo escuchar, el concierto meciéndose en las plácidas aguas del lago Serpentine. El mimado césped y los árboles centenarios fueron el escenario perfecto para una mágica noche hippie en la que la banda se reencontró con su público antes de emprender su segunda visita a los Estados Unidos, en una gira en la que coincidieron con The Who y Soft Machine y que supuso su primer reconocimiento internacional importante. Un año después, el 18 de julio de 1970, los Floyd reunieron en ese mismo sitio a más de veinte mil personas, justo tres meses antes de la salida al mercado de *Atom Heart Mother*, su quinto álbum.

Extravaganza '70 Music & Fashion Festival

Olympia, Londres, 6 de junio de 1970

El mutis de Barrett

La oportunidad de retorno de Syd Barrett se convirtió en un viaje a ninguna parte. Casi cuatro años después de comenzar la singladura de Pink Floyd, Syd Barrett se subió al escenario forzado por Dave Gilmour y Jerry Shirley, el batería de sus dos primeros discos en solitario, e hizo una actuación breve y abrupta. En plena etapa de supuesta promoción de su segundo álbum, *Barrett*, había aceptado participar en dos presentaciones en la BBC y en el Festival Extravaganza, junto a músicos como The Pretty Things, Tyrannosaurus Rex, Bo Diddley, Black Sabbath o Procol Harum, pero en el último minuto Syd se negó a subir, en uno de sus imprevisibles cambios de ánimo. Jerry, que le acompañaba al bajo, y Dave, que estaba a cargo de la batería, le hicieron actuar a regañadientes y él se encargó de dinamitar su primera aparición pública tras su abandono de Pink Floyd. Tocó, sumamente acelerados y descontrolados, «Terrapin», «Gigolo Aunt» y «Effervescing Elephant», para rematar con el tema «Octopus», antes de desaparecer del escenario y prácticamente del circuito musical.

The Bath Festival of Blues and Progressive Music

27-29 de junio de 1970

La gran fiesta de la contracultura

Led Zeppelin, que eran los cabezas de cartel, y Pink Floyd, que presentaron «The Amazing Pudding», que poco después se convertiría en el famoso «Atom Heart Mother», fueron las estrellas de esta fiesta de la contracultura que se celebró en un pequeño pueblo del condado de Somerset, una zona rural en la que durante tres días se concentraron alrededor de 150.000 personas para ver a bandas y músicos como Jefferson Airplane, Carlos Santana, Canned Heat, Frank Zappa & The Mothers of Invention, The Byrds, Johnny Winter, John Mayall, Peter Green o Dr. John, entre otros. En un campo próximo al escenario oficial se celebró una fiesta alternativa y gratuita con Yes, Genesis, Pink Fairies y Hawkwind. Los Floyd actuaron hacia las tres de la madrugada y estuvieron arropados por un coro y una banda de música. Es uno de los festivales más pirateados de la historia y de esos tres días circulan un importante número de discos e incluso existen grabaciones de vídeo que se encuentran totalmente desperdigadas.

Live at Pompeii

Del 4 al 7 de octubre de 1971

El concierto vacío

Se le califica oficialmente como un concierto a puerta cerrada, pero se trata en realidad de una actuación especial en vivo. Eran los años de los macro conciertos multitudinarios al estilo de Woodstock o la Isla de Wight y los Pink Floyd decidieron desmarcarse de esa corriente y ofrecer una actuación con un concepto diametralmente opuesto: un escenario vacío de público y con la magia fantasmagórica de las célebres ruinas romanas al servicio de la grabación del documental de Adrian Maben *Pink Floyd: Live at Pompeii*. En el milenario anfiteatro la banda interpretó temas legendarios como «Echoes, part I», «Careful with that axe, Eugene», «One of these days», «A Saucerful of Secrets», «Set the controls for the heart of the sun», «Mademoiselle Nobs» (anteriormente titulado «Seamus») y «Echoes, part II». La actuación fue memorable e histórica, aunque para muchos un concierto sin público difícilmente puede definirse exactamente como tal. 45 años después, en julio del 2016, David Gilmour regresó a ese mismo escenario para actuar ante una élite de 3.000 fans que pagaron 345 euros por la entrada.

Radio City Music Hall

Nueva York, 17 de marzo de 1973

El embrujo de medianoche

Concierto central de la gira que les llevará a recorrer Estados Unidos y de la que saldrán convertidos en una de las bandas con más personalidad de la década de los setenta. El concierto se celebró a medianoche con la asistencia de unas 6.000 personas que disfrutaron con la presentación del disco *The Dark Side of the Moon* y del montaje escénico, inusual para la época. Las proyecciones de láser sobre el humo rosa crearon un efecto de bóveda interestelar bajo el que se reproducían los efectos de sonido cuadrafónico. El momento más impactante, valga la redundancia, se produjo durante la interpretación del tema «On the Run», cuando desde el fondo del recinto se lanzaba contra el escenario una réplica de un avión que se estrellaba entre haces de luz y humo naranja. En aquel momento el álbum se había colocado en lo más alto de la lista del Billboard y se estaban convirtiendo en absolutas estrellas del firmamento del rock. En aquella ocasión Waters, Gilmour, Mason y Wright estuvieron acompañados por Mary Ann y Phyllis Lindsey en los coros y Dick Parry al saxo. Un par de meses más tarde regresarían todos a una nueva gira que confirmaría el espectacular éxito de aquel octavo disco.

Festival de Knebworth

Knebworth Park, Hertfordshire, 5 de julio de 1975

Un sonoro batacazo

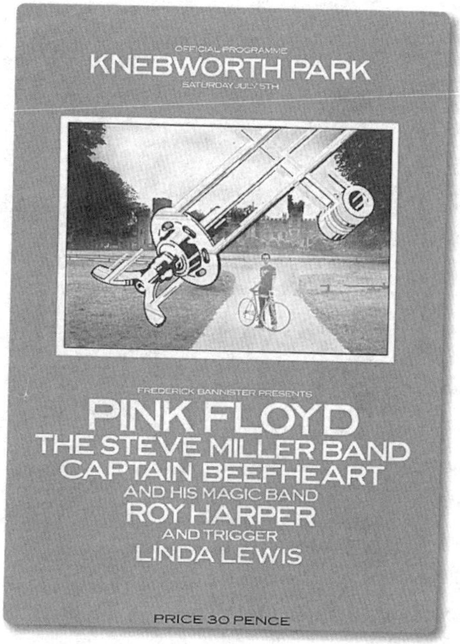

Los inmensos jardines de una mansión del siglo XV, Knebworth House, fueron el escenario de la presentación oficial del álbum *Wish You Were Here*. Era el primer concierto tras su gira de 1975 por Estados Unidos y los Floyd habían preparado un espectáculo extraordinario para convertir su retorno en una apoteosis. El evento convocó a una multitud que bloqueó la pequeña carretera de acceso con un atasco de más de 15 kilómetros de largo. 80.000 personas, ávidas por asistir a lo que prometía ser una de las más grandes citas del rock progresivo, invadieron la explanada donde se había instalado un escenario con un complejo montaje técnico. Los Floyd estaban respaldados en el cartel por Capitán Beefheart, Linda Lewis, Graham Chapman, Steve Miller Band y Roy Harper, quien protagonizó la anécdota chusca de la jornada cuando la emprendió a golpes con una de las furgonetas del equipo de Pink Floyd, iracundo por perder su vestuario.

Un hecho tan banal dio al traste con la actuación de la banda al provocar un retraso en su milimetrado programa, que incluía el impactante efecto de dos aviones Spitfire de la Segunda Guerra Mundial sobrevolando el concierto al comienzo de la actuación de Waters y los suyos. Los nervios y la apresurada instalación, provocaron fallos en el sonido de los teclados de Wright, que tuvo que acabar el concierto con un teclado de sustitución; los aviones entraron a destiempo –aunque de eso el público probablemente no se enteró– y lo que podía haber sido una apoteosis se quedó en un intento fallido, y encima con fuertes críticas de la prensa, descontenta con el trato recibido.

In the Flesh Tour en Montreal

Olympic Stadium, Montreal, 6 de julio de 1977

El vergonzoso origen del muro

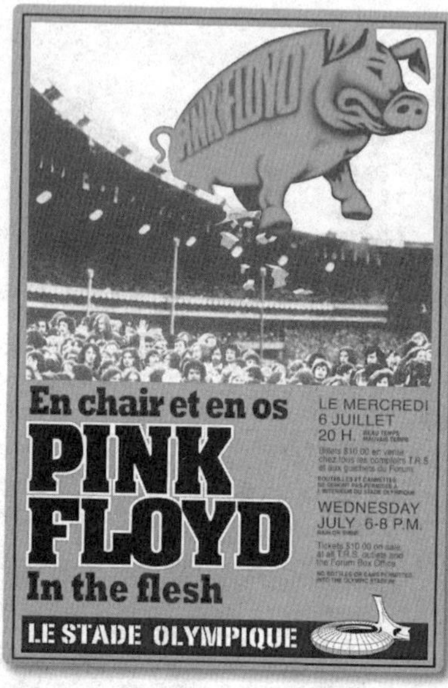

El último concierto de la gira de presentación del disco Animals fue el escenario de una de las anécdotas más vergonzosas de las protagonizadas por un miembro de la banda. Tras cinco meses y 55 conciertos en 30 ciudades de Europa y Estados Unidos, los Pink Floyd estaban en uno de los momentos cumbre de su carrera pero también comenzaban a dar muestras de cierto agotamiento, especialmente Roger Waters, que desde el principio se enfrentó a un grupo de fans que tiraban cohetes durante el concierto. La tensión aumentó cuando Roger invitó al escenario a un aficionado que estaba en primera fila reclamando a grito pelado que la banda tocase sus temas favoritos. De pronto, al final de la interpretación del tema «Pigs (Three different ones)», Roger invitó al joven a subir al escenario y –para estupefacción del propio aficionado y del resto del público– le lanzó un escupitajo, lo que provocó un final precipitado del concierto, con el abandono de Gilmour del escenario mientras Waters improvisaba un blues. Este incidente afectó profundamente al bajista que, a pesar de no dar muestras de público arrepentimiento, comenzó a reflexionar sobre el distanciamiento entre el público y la banda y creó la metáfora de la existencia de una barrera entre ellos y sus seguidores, lo que acabó evolucionando en el concepto inicial sobre el que se basó su obra *The Wall*.

The Wall Tour (Inicio)

Memorial Sports Arena, Los Ángeles, 7 de febrero de 1980

La agridulce apoteosis

La gira de promoción del mítico disco *The Wall* se preparó con todo lujo de detalles y un despliegue de medios digno de una producción de Ho-

llywood: al abrumador equipo de luces y sonido se sumaban inflables gigantes, aparatos de proyección de imágenes, máquinas para fabricar humo de colores, piezas para simular un muro en el escenario, enormes banderas colgando del techo y un sinfín de material escénico. A pesar de un incidente inicial al incendiarse el telón, que obligó a un retraso de media hora, el primero de los siete conciertos del impresionante auditorio de Los Ángeles fue un éxito memorable y tanto el público como la crítica respondieron entusiastamente. El espectáculo marcó un hito en la historia del rock, pero no pudo ocultar la cruda realidad: la banda pasaba por sus peores momentos internos. La relación entre Gilmour y Waters se resquebrajaba, mientras éste último insistía en expulsar de la banda a Richard Wright, ya por aquel entonces un mero contratado del grupo. Antes de empezar, la gira ya costaba más de un millón y medio de dólares y todos culpaban a Waters del derroche de medios a que los llevaba su megalómana concepción de la puesta en escena. A pesar de los pesares el concierto, en el que la banda estuvo acompañada por Andy Brown al bajo, Thin Lizzy a la guitarra, Peter Wood a los teclados y Willie Wilson a la batería, figura con letras mayúsculas en la historia del rock.

The Wall Tour (Final)

Earls Court, Londres, 17 de junio de 1981

El muro de la despedida

El último concierto de la gira de presentación del álbum *The Wall*, fue el remate de una sesión de cinco actuaciones seguidas que había comenzado el 13 de junio en el Earls Court londinense, siguiendo la tónica de todo el tour, que había comenzado un año y medio antes en Los Ángeles, con siete conciertos seguidos, que figuran entre los más grandiosos de la historia del rock. La fastuosidad de la puesta en escena diseñada por Roger Waters, que incluía la construcción y posterior destrucción de un muro en el escenario, que iba tapando a los músicos y sobre el que se proyectaban imágenes y una simulación del famoso avión de tamaño real que se estrellaba sobre el escenario, obligó concentrar varios conciertos seguidos en el mismo escenario por necesidades de producción. Eso redujo a 31 el número de espectáculos y a cuatro las ciudades que los acogieron; Londres, Dortmund, Los Ángeles y Nueva York. El descabellado coste de la gira arrojó un ruinoso balance económico, con pérdidas superiores al medio millón de dólares, lo que acabó de agriar la relación entre Waters y el resto de la banda, especialmente Gilmour y Mason, ya que Wright actuaba como músico contratado. De hecho, este concierto fue la última ocasión en la que Roger Waters tocó junto a sus compañeros, antes de la reunión final de 2005 en el concierto Live 8.

Reichstagsgelaende

Berlín, 16 de junio de 1988

Cita con la historia

En mitad de la gira más larga de su historia y la primera sin Roger Waters, *A Momentary Lapse of Reason Tour*, que había comenzado diez meses antes en Ottawa, Canadá, Gilmour, Mason y Wright, llegaron a Berlín en un verano cargado de tensión reivindicativa a favor de la demolición del tristemente famoso muro que dividía la ciudad. «Shine On You Crazy Diamond», fue la canción que abrió el concierto en la explanada del Reichstag, en el que sonaron 23 temas, pero en el que la estrella evidente fue la penúltima canción: «Another Brick in the Wall (Part 2)» Las autoridades de Berlín Oriental, la parte de la ciudad que pertenecía a la República Democrática Alemana, trataron de impedir un concierto que se había convertido en una alegoría contra el muro, exigiendo un volumen bajo para que la música no cruzase nítidamente hacia el lado este. Pero lo único que consiguieron fue que la banda británica y los más de 30.000 aficionados volcasen toda su energía contra aquel infame muro, al otro lado del cual, unas 2.000 personas afrontaron todas las prohibiciones para corear las canciones de los Floyd pidiendo que demoliesen el muro, cosa de la que se que encargaría la piqueta de la historia un año después.

Pink Floyd en España

Estadio de Sarrià, Barcelona y Vicente Calderón, Madrid, 20 y 22 de junio de 1988

Saldando una deuda

Después de 28 años de carrera, Pink Floyd aterrizaron por primera vez en España en el verano del 88 para saldar una vieja deuda con sus fans ibéricos. En su primer concierto, en Barcelona, congregaron a 40.000 personas, ante las que desgranaron su repertorio más conocido. David Gilmour, Nick Mason y Richard Wright hicieron un concierto de más de dos horas, divido en dos partes, con el habitual despliegue de luces, proyecciones y cerdos volantes. En Madrid acudieron 50.000 aficionados para ver el mismo despliegue con el mismo entusiasmo. Sin embargo, a buena parte de esos aficionados les pesa la ausencia de Roger Waters y la crítica española no es excesivamente condescendiente con una banda a la que reconoce su peso histórico pero que considera demasiado efectista a causa de su espectacular montaje, algo en lo que por cierto, ha insistido bastante la promoción de la compañía que los ha traído, Gay & Company. Ambos conciertos comenzaron con el tema «Shine On You Crazy Diamond» y finalizaron con «Run Like Hell». Durante más de 120 minutos tocaron temas de todas sus épocas, como «Sings of Life», «On The Run», «Welcome To The Machine», «Money», «Another Brick In The Wall (Part 2)» o «Wish You Were Here», verdaderos mitos para un público que, en su mayoría, solo los había escuchado en disco.

Pink Floyd en Venecia

Plaza de San Marcos, 15 de julio de 1989

Atardecer en Venecia

Un enorme escenario flotante en el Gran Canal de Venecia, rodeado por multitud de embarcaciones y una muchedumbre que se hacinaba en la Plaza de San Marcos, más de 200.000 personas venidas de todo el mundo para ver a la banda más espectacular del momento, la manifestación de rock más grande en la historia de Italia. Ese fue el espectáculo que la televisión italiana transmitió en directo, lo que obligó al grupo a recortar su repertorio a solo 14 temas y a ajustarse a los tiempos marcados. Ha quedado para la historia como una de las actuaciones más espectaculares de la banda, pero aquel mágico atardecer tuvo su amarga cruz en los dos millones dólares que la organización tuvo que pagar a la ciudad por los numerosos destrozos causados por aquella aglomeración humana en una recinto de tan elevado valor histórico y artístico.

Live at Knebworth

30 de junio de 1990

Sacarse una espina

Quince años después de su caótico concierto de presentación del disco *Wish You Were Here*, los Floyd regresaron a Knebworth House, en un macro concierto al que acudieron 120.000, junto a Phil Collins, Tears For Fears, Eric Clapton, Dire Straits, Elton John, Paul McCartney, Status Quo, Cliff Richard & The Shadows, Robert Plant, Jimmy Page y Genesis. El objetivo del evento era recaudar fondos para el Nordoff-Robbins Music Therapy Centre, una institución dedicada al tratamiento de niños discapacitados a través de la musicoterapia y esta vez no hubo fallos ni retrasos, aunque sí un aguacero que deslució un tanto la actuación final de los Floyd. Fue un concierto de mega estrellas del rock, en el que la banda se resarció de la amarga experiencia del concierto de 1975 y le rindieron homenaje a Barrett con «Shine on You Crazy Diamond», pero esta vez Waters no estuvo allí para verlo.

The Wall - Live in Berlin

Berlín, 21 de julio de 1990

Apoteosis de Waters

Ocho meses después de la caída del Muro de Berlín, Roger Waters y el productor británico Tony Hollingsworth, organizaron un concierto conmemo-

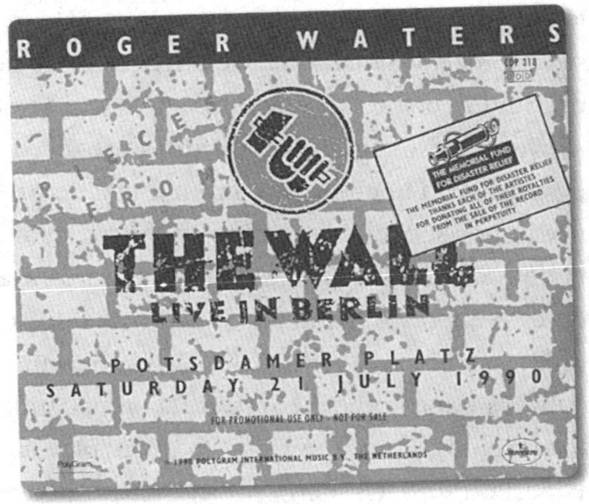

rativo en la antigua 'tierra de nadie', la zona entre muros que separaba las dos mitades de la ciudad. Allí se dieron cita unas 350.000 personas para escuchar al antiguo líder de Pink Floyd reivindicando su obra magna, *The Wall*, en un escenario sobrecargado de simbolismo. Waters había dicho en julio de 1989 que solo volvería a representar en público *The Wall*, si caía el Muro de Berlín, y allí estaba para cumplir su palabra. El espectáculo tuvo el sello escénico del mejor Roger Waters, con construcción de un muro más de 20 metros de altura, marionetas gigantes, plataformas, proyecciones y toda la parafernalia. Por el escenario pasaron más de 35 músicos y cantantes, sin contar una orquesta, un coro y el grupo de danza del antiguo ejército soviético en Alemania. El evento fue retransmitido a medio centenar de países y contó con una pléyade de artistas invitados como Van Morrison, Marianne Faithfull, Bryan Adams, Scorpions, Cyndi Lauper, Rick Danko, Levon Helm y Garth Hudson de The Band, Joni Mitchell, Paul Carrack, Ute Lemper, The Hooters, Thomas Dolby, Sinéad O'Connor, Jerry Hall, Tim Curry, Albert Finney y James Galway. A Roger le habría gustado contar también con Bruce Springsteen y Eric Clapton, pero aunque lo intentó, no pudo ser. A quién sí le lanzo una indirecta a modo de velada invitación fue a su antiguo compañero David Gilmour, pero todo se quedó en un cruce de declaraciones equívocas.

The Division Bell Tour

Earls Court, Londres, 29 de octubre de 1994

Una larga e inesperada despedida

Después de ocho meses de gira, con 68 ciudades visitadas y un último tirón de 14 conciertos seguidos en el Earls Court, la banda despidió el tour de presentación del disco *The Division Bell*, quizá sin saber que también se estaba despidiendo de los escenarios durante once años. La gira había sido un rotundo éxito económico y la puesta en escena había estado al nivel de los mejores tiempos, con un despliegue de medios que incluía tres grandiosos escenarios iguales que se alternaban de ciudad en ciudad y que estaban presididos por una circunferencia a modo de ojo gigantesco en el que se proyectaban imágenes de distintas etapas de la banda, réplicas de módulos espaciales a tamaño real y un montaje de proyecciones y haces de luz diseñados por su viejo amigo Storm Thorgerson, que habían hecho las delicias de más de cinco millones de espectadores. Lejos quedaban los días iniciales de estrecheces e imaginación. Convertidos en históricas estrellas del rock, Gilmour, Mason y Wright acusaban la acumulan de conciertos y se respaldaban en una potente banda de acompañamiento formada por Jon Carin en los teclados, Tim Renwick a la guitarra, Guy Pratt al bajo, Gary Wallis en la percusión, Dick Parry al saxo y Sam Brown, Durga McBroom y Claudia Fontaine a los coros. Aquella noche comenzaron con «Shine On You Crazy Diamond» y después de 21 canciones bajaron el telón con «Run Like Hell».

Live 8, 2005

Hyde Park, Londres, 5 de julio de 2005

El adiós definitivo

La cita era para celebrar el 20 aniversario del Live Aid, el macro concierto que se había celebrado el 13 de julio de 1985 simultáneamente en Londres y Philadelphia con el objetivo de recaudar fondos con la hambruna en Etiopía y Somalia. Esta vez el reto se ampliaba a once ciudades. A Londres y Philadelphia se sumaron Johannesburgo, Tokio, Moscú, París, Roma,

Berlín, Edimburgo, Cornwall y Toronto. La idea y la organización corrieron otra vez a cargo de Bob Geldof, con Midge Ure y Ryan Jarman y las cifras oficiales hablan de más de 1.000 músicos, incluido lo más granado del universo del rock en aquel momento, un millón de espectadores, 182 cadenas de televisión y 2.000 emisoras de radio. Pero para los aficionados a la psicodelia, al rock sinfónico y a la música progresiva, aquel histórico 2 de julio estaría marcado por el regreso de Pink Floyd al completo, incluido Barrett, que aunque no estuvo presente, protagonizó uno de los momentos más emotivos cuando sus compañeros le dedicaron «Wish You Were Here». Aquel día Roger Waters, David Gilmour, Nick Mason y Richard Wright volvieron a subir juntos a un escenario después de 24 años para tocar «Aspea to Me», «Breathe/Breathe Reprise», «Money», «Wish You Were Here» y «Comfortably Numb». Veinte minutos para la historia de la música.

Quizá fue la sensibilidad social y política de los miembros de la banda lo que les llevó a participar en un evento mundial llamado a despertar conciencias, quizá el tiempo había limado las asperezas del pasado y quizá la nostalgia pesó lo suyo, pero lo cierto es que aquella cita se convirtió en su multitudinaria despedida al fallecer Wright tres años después. Mientras vivan, cabe la posibilidad teórica de que Waters, Gilmour y Mason puedan volver a coincidir en un escenario. El último concierto de los miembros originales, incluida la eterna y entrañable ausencia de Barrett, fue aquel 5 de julio en el parque cuyos conciertos de rock habían inaugurado ellos mismos 37 años atrás, en plena efervescencia del movimiento hippie underground.

4. DISCOGRAFÍA FUNDAMENTAL

Quince álbumes de estudio, otros cuatro grabados en vivo, nueve recopilatorios, cinco cajas con ediciones especiales, veintisiete sencillos y un EP, conforman una discografía colosal que arroja cifras millonarias de ventas y audiencia. Uno de sus discos, *The Dark Side of the Moon*, con más de 50 millones de ejemplares según la revista *Forbes*, figura entre los tres más vendidos de todos los tiempos, mientras que *The Wall*, con aproximadamente 33 millones de copias, está entre los diez primeros. La revista *Rolling Stone* ha colocado cuatro discos de la banda entre los 500 más importantes de la historia del rock: *The Dark Side of the Moon*, en el puesto 43, *The Wall*, en el 87, *Wish You Were Here*, ocupando el lugar 209 y *The Piper at the Gates of Dawn*, en el 347.

Al igual que sus actuaciones en directo eran mucho más que conciertos de rock, su producción discográfica también trasciende el mero formato musical. Sus portadas son iconos de la cultura pop del siglo XX y han sido analizadas una y otra vez en busca de los mensajes y contenidos ocultos en ellas. En las listas de discos conceptuales más importantes de la historia *The Dark Side of the Moon* y *The Wall* figuran siempre entre los primeros puestos, mientras que *Wish You Were Here*, *Animals* o *The Final Cut*, ocupan lugares netamente destacados.

Quizá la discografía oficial de Pink Floyd no sea tan abrumadora numéricamente como la de otras bandas de su nivel, pero sus discos piratas, sus *bootlegs*, hacen palidecer a cualquiera de los grandes del rock. Hasta principios de los años 70 la banda realizó una cantidad tal de grabaciones de estudio y de actuaciones en vivo que no acabaron tomando forma de disco, que la proliferación de discos piratas ensombreció la de los álbumes oficiales. A lo largo de su historia Pink Floyd ha visto como circulaban más de 300 *bootlegs*, esas grabaciones no autorizadas que tanto gustan a los aficionados más forofos. En el caso que nos ocupa, las más apreciadas sin duda son las grabaciones de los archivos de la BBC, realizadas desde los orígenes hasta 1974. También son muy apreciados títulos no oficiales como *Tonight Let´s All Make Love in London*, la banda sonora de la película homónima sobre la escena de los años 60 en Londres; *Amsterdam 69*, grabado en un actuación en Concertgebouw, Amsterdam, en 1969; *Big Pink*, el concierto celebrado en 1970 en Hyde Park; *Water's Gate*, registrado en París ese mismo año; *An Italian Tale*, el concierto en Palazzo dello Mostra, en Brescia en 1971; *Omayyad*, de 1972 y uno de los más buscados ya que contiene la banda sonora original del film *Zabriskie Point*, *Animal Instincts*, grabado en 1977 en el Oakland Coliseum durante la gira la gira de presentación del álbum *Animals*, o *A Clear View*, la grabación del concierto en celebrado Rosemont, Illinois, en 1987, por citar solo algunos de los discos no oficiales que contribuyeron a cimentar la leyenda de la banda casi tanto como sus álbumes de estudio, recopilatorios y directos oficiales.

The Piper at the Gates of Dawn

EMI Columbia, 1967

Está considerado oficialmente como uno de los discos más influyentes de la historia del rock, aunque en el momento de su aparición fue recibido por la crítica con cierta frialdad. Comparte con *Sgt. Pepper's Lonely Hearts Club Band*, de The Beatles, grabado casi al mismo tiempo y en los mismos estudios de Abbey Road, la categoría de disco pionero en el rock psicodélico. De hecho, esta coincidencia con la ya veterana y famosa banda de Liverpool permitió a Pink Floyd tener al servicio de su improvisado método de trabajo los últimos adelantos de la grabación en cuatro pistas.

Por encima de todo es la obra cumbre de la breve, genial y demencial carrera de Syd Barrett, su principal legado discográfico. De los once temas del álbum, ocho fueron compuestos por él, uno por Roger Waters, y los otros dos por todos los componentes de la banda: Syd Barrett, Roger Waters, Richard Wright y Nick Mason. Fue producido por Norman Smith y Peter Bown fue el ingeniero de sonido, en la primera de sus muchas colaboraciones con la banda.

Las letras son muy fantasiosas y la idea básica de Barrett provenía del libro *The Wind In The Willows* (El viento en los sauces), un clásico de la literatura infantil inglesa publicado por Kenneth Grahame en 1908, una fantasía protagonizada por animales que vienen a representar los distintos estamentos sociales y que Barrett combinó con un cóctel de alucinaciones provocadas por el consumo de drogas, fundamentalmente LSD. Musicalmente introduce importantes novedades, con cambios métricas y progresiones de escalas inusuales en la música pop. Temas como «Astronomy Domine», «Matilda Mother», «Bike» o «Interstellar Overdrive» abren un novedoso camino en el rock, impactante y sorprendente pero de complicada digestión. El diseño de la cubierta corrió a cargo del fotógrafo de origen hindú Vic Singh, un personaje de la escena underground londinense que utilizó una lente de prisma, regalo de George Harrison, para plasmar la primera imagen, y la última, del grupo original al completo, en la portada del disco. Lanzado el 5 de agosto de 1967, alcanzó en pocas semanas el sexto lugar en la lista de álbumes más vendidos en Gran Bretaña, pero tuvo bastante menos éxito en los Estados Unidos, donde no pasó de un mediocre puesto número 131. La posterior fama del grupo le llevaría a convertirse en disco de oro en ambos países.

A Saucerful of Secrets

Columbia, 1968

El segundo álbum de estudio de la banda fue grabado en los Estudios Abbey Road durante los cuatro primeros meses de 1968, excepto dos temas: «Re-

member A Day» de Rick Wright, grabada en 1967 al igual que «Jugband Blues», de Syd Barrett, registrada con el respaldo de la Banda del Ejército de Salvación, que fueron alentados por el autor a interpretar libremente lo que le viniera en gana. Además de Waters, autor de tres de los ocho títulos del álbum, Wright, Mason, Barrett y Gilmour, interviene Norman Smith, productor e ingeniero de sonido de *Abbey Road*, poniendo la batería de «Remember a Day». Syd Barrett, en pleno declive físico y mental, tuvo que abandonar la banda a principios de abril, casi tres meses antes del lanzamiento del disco, que en Inglaterra se produjo el 28 de junio, colocándose en el noveno puesto de las listas, y en estados Unidos un mes después, cosechando un notable fracaso inicial de ventas.

Es el único disco de estudio en el que coinciden los cinco nombres primigenios de la banda y marca un cambio de era. Comenzó con Barrett y no tuvo forma definitiva hasta que Gilmour se incorporó, y todo bajo la tutela de Waters, el nuevo líder de la banda. La cubierta, un derroche de psicodelia visual en la que se superponen 13 imágenes distinta, es la primera de las muchas que realizó el colectivo Hipgnosis, que fue creado precisamente para hacer la portada de este disco, en la que mezclan imágenes de una portada del cómic de la Marvel *Dr. Strange*, signos astrológicos, diseños de objetos y juegos de color y una foto del propio grupo. Según Storm Thorgerson, uno de los fundadores de Hipgnosis, lo que se pretendía era resumir tres estados alterados de la consciencia: la religión, las drogas y la música de la banda, que empieza a adentrarse poco a poco en nuevos territorios con largos pasajes instrumentales de atmósfera oscura. Las críticas iniciales fueron bastante tibias, cuando no abiertamente negativas, aunque la prensa especializada ha ido cambiando de opinión a medida que se consolidaba la trayectoria del grupo. Curiosamente, Nick Mason siempre ha manifestado que es su disco preferido.

Music from the Film More

EMI, 1969

Como su propio nombre indica, es la banda sonora creada por Pink Floyd para la película *More*, dirigida en 1969 por Barbet Schroeder. Es también el primer disco de la banda en el que ya no participa Syd Barrett, que había abandonado el año anterior. Está considerada como una obra de transición entre las dos primeras etapas de la banda: de la psicodelia pura a la música con tintes progresivos. Fue grabada en menos de un mes, siguiendo las pautas que marcaba la película, ya rodada, y perfilada durante la primavera de 1969, para acabar incluyendo 13 de los 16 temas que compusieron para la película. El álbum fue lanzado por EMI el 13 de junio de ese año en Inglaterra, donde alcanzó el noveno puesto en las listas, y dos meses después en los Estados Unidos. El diseño de la portada vuelve a ser de del colectivo Hipgnosis, que se basó en la foto de un viejo molino de viento de Formentera, ya que la película estaba ambientada en los circuitos hippies de París e Ibiza y la banda sonora incluía temas como «Ibiza Bar» y «A Spanish Piece», en la que Gilmour hace sus pinitos con la guitarra flamenca. Pero entre todos los temas destaca «Cymbaline», una canción escrita por Roger Waters y cantada por David Gilmour, que marcaría su incipiente etapa progresiva.

Ummagumma

Harvest Records, 1969

Álbum doble, con un disco grabado en directo en abril y mayo de 1969, en sendos conciertos en el Mother's Club, Birmingham, y el Manchester College of Commerce, Manchester, y otro disco grabado entre abril y junio en los Estudios Abbey Road. El disco en directo contiene cuatro temas: «Astronomy Domine», «Careful With That Axe, Eugene», «Set The Controls For The Heart Of The Sun» y «A Saucerful of Secrets, mientras que para el grabado en estudio los integrantes de la banda decidieron dedicar una parte proporcional del mismo a cada miembro para que tuviese completa libertad creativa para plasmar sus propias composiciones. Salió al mercado en Inglaterra el 25 de octubre de 1969 y 26 días después en Estados Unidos. EMI decidió lanzarlo con la subsidiaria *Harves Records*, una discográfica creada por la EMI con el propósito de controlar el mercado del rock progresivo y que se convertirá de ese momento el sello definitivo de la banda. El disco tuvo una buena acogida comercial y alcanzó el quinto puesto de las listas en Inglaterra, con resultados mucho más discretos en los Estados Unidos, donde acabó convirtiéndose en disco de oro en 1974 y disco de platino en 1994.

Para el diseño de la carátula el colectivo Hipgnosis usó una sucesión decreciente de fotos del grupo colocados en distintas posiciones, del estilo del cuadro dentro del cuadro, lo que ha servido de base para todo tipo de especulaciones, comenzando por la aparición de la portada del disco con la banda sonora de *Gigi*, la película de Vincent Minnelli (que desapareció en la versión para Estados Unidos por una cuestión de derechos de autor) y el significado de la presencia de la portada del disco anterior *A Saucerful Of Secrets*, en la más pequeña de las fotos del grupo.

La contraportada fue una idea del batería, Nick Mason, que propuso exponer el equipo de sonido, el instrumental y el camión que el grupo llevaba para sus conciertos en una pista de aterrizaje en una zona rural de Kent, en una fotografía en la que también aparecen Pete Watts y Alan Stiles, que por entonces hacían las funciones de *roadies* de la banda. Por cierto, fue la última vez que aparecieron los miembros del grupo en la portada de alguno de sus discos.

Atom Heart Mother

Harvest Records, 1970

A pesar de su innegable peso en la historia del rock, los miembros de la banda no se mostraron precisamente entusiasmados con este trabajo. Waters llegó a calificarlo de «cosa pomposa' y Gilmour de «montón de basura». La crítica especializada no fue tan dura, pero sí que tuvo una reacción mayoritariamente negativa, cosa que contrasta con su fulgurante éxito de ventas. El tema que da nombre al disco, y que ocupa toda la cara A con 23 minutos y 44 segundos de duración, es la pieza más larga de toda la discografía de Pink Floyd y toma como base el material compuesto en Roma durante los ensayos para la grabación de la banda sonora de la película *Zabriskie Point*. El título original de esta psicodélica suite era «The Amazing Pudding», pero no acababa de convencer a nadie, así que, a partir de una ocurrencia de Ron

Geesin, el compositor que se encargó de la complicada orquestación del tema, Roger Waters encontró la inspiración en el diario sensacionalista *Evening Standard.* Se trataba de una noticia sobre una mujer embarazada a la que habían implantado un corazón atómico y el titular era tan impactante que decidieron usarlo para rebautizar el que sería uno de sus temas más famosos: «Atom Heart Mother».

En esta ocasión, el diseño de Hipgnosis obvia, tanto en la portada como en el contraportada, cualquier referencia a la banda y al título de la obra. Les pidieron algo diferente, alejado de las abigarradas portadas anteriores y Storm Thorgerson se fue a un prado lleno de vacas, las fotografió y colocó una en la cubierta del disco y el resto en el interior y la contracubierta. Según el dueño del animal, la vaca se llamaba Lulubelle III. Eso, una vaca con la cabeza vuelta mirándoles, fue lo que encontraron los aficionados en las tiendas de discos el 2 de octubre, cuando fue lanzado con un clamoroso éxito. En poco tiempo se convirtió en el número uno de las listas británicas, el primero de su historia, y el 55 en los Estados Unidos, donde se convirtió en disco de oro en 1994. El director de cine Stanley Kubrick les pidió permiso para usar el tema «Atom Heart Mother Suite» en su nueva película, *A Clockwork Orange*, estrenada un año después que el disco. Pero el cineasta norteamericano pretendía tener carta blanca para mezclar y reeditar el tema quería a su conveniencia, algo a lo que no estaban dispuestos ni por asomo los músicos británicos, así que la música de una de las bandas más míticas de los setenta se quedó fuera de una de las películas más míticas de la década, aunque Kubrick colocó visiblemente la portada del álbum en una escena de la película que transcurre en una tienda de discos.

The Best of the Pink Floyd

EMI, 1970

Se trata de una recopilación con temas compuestos por la banda entre 1966 y 1968, la época en la que el compositor de cabecera era Syd Barrett, de quien este disco recoge temas famosos como «Arnold Layne» o «See Emily Play» y caras B de gran repercusión musical como «The Scarecrow» y «Candy And A Currant Bun». En 1974 EMI lanzó una versión especial para Europa pon el título de *Masters of Rock*, con la intención de aprovechar el tirón de ventas del álbum *The Dark Side of the Moon*, publicado en 1973. El disco contiene también la versión para la BBC de «It Would Be So Nice»,

una canción de Richard Wright, que tuvo que alterar la letra inicial que hacía referencia al diario *Evening Standard*, algo que prohibía la escrupulosa política publicitaria de la cadena británica, que hizo cambiar el nombre a un ficticio *Daily Standard*. Su máximo interés radica en que contiene trabajos que no aparecen en otros álbumes, como «Paint Box», un tema escrito por Richard Wright en 1967, «Apples And Oranges», una composición de los días difíciles de Syd Barrett a finales del 67 y «Julia Dream», una canción de Roger Waters del 98. También contiene versiones iniciales de «Chapter 24» y «Matilda Mother». Se hicieron dos versiones de la portada: la primera con una foto a color de los cuatro integrantes de la época –Barrett, Waters, Wright y Mason– y la otra, la de la reedición *Masters of Rock*, fue realizada por el diseñador Herman Baas, quien usó una versión a color y retocada de la foto de los cuatro miembros de la banda –Waters, Gilmour, Wright y Mason– que figuran en la foto interior en blanco y negro del disco *Meddle*. Pero en esta ocasión con el rostro de Barrett superpuesto sobre el de Wright, a mitad de camino entre la chapuza y el revisionismo histórico. Aunque no fue un bombazo en su día, entre 1974 y 2014 se han sacado más de cuarenta ediciones del disco en distintos países del mundo.

Meddle

Harvest Records, 1971

Es uno de los pocos discos en cuya composición participan prácticamente por igual todos los miembros del grupo. Sin una línea predeterminada,

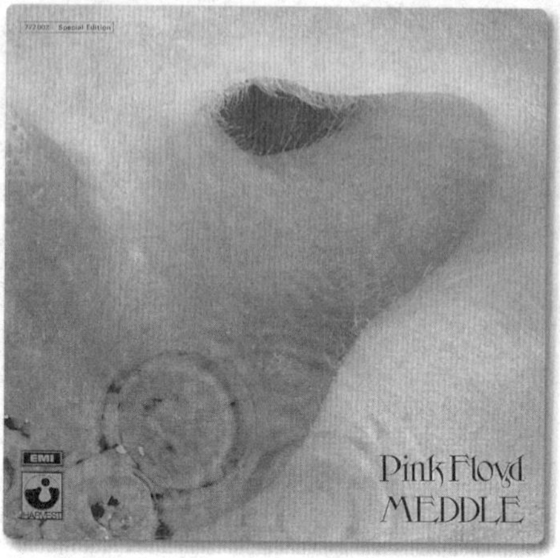

las sesiones de grabación experimental dieron como resultados una de las composiciones más conocidas de la banda, «Echoes», que dura 23 minutos y medio y ocupa toda la cara B del disco. En su juego de sonidos pregrabados en diferentes temas, esta vez se incluye a los hinchas del Liverpool cantando el himno de su equipo, sonido de viento, la sintonía de la serie de televisión *Doctor Who* y lo más famoso y celebrado de todos, los aullidos del perro *Seamus* en la canción del mismo título. También es celebre la inclusión por primera y única vez de la voz distorsionada de Nick Mason pronunciando la frase «Un día de estos te cortaré en pedacitos», un efecto que repetirán hasta la saciedad en *The Wall*. Las críticas fueron mayoritariamente elogiosas, especialmente en torno a la figura de Gilmour, que en este disco incrementa su protagonismo en la banda, que se adentra definitivamente en el sendero de la música progresiva, bastante alejados ya de la psicodelia inicial.

Se grabó en distintos estudios durante los ocho primeros meses de 1971, alternando las sesiones con los conciertos de su gira por Europa y fue lanzado el 31 de octubre en Estados Unidos, donde fue un fracaso de ventas, 13 días antes que Inglaterra, donde sin embargo obtuvo un rotundo éxito comercial, llegando al tercer puesto de la lista de álbumes más vendidos. Su éxito posterior le convirtió en disco de oro en 1973 y doble platino en 1994. Para la portada, Storm Thorgerson había pensado esta vez en una foto en primerísimo plano del ano de un babuino, pero los miembros del grupo le dijeron que preferirían un oído bajo el agua. Aunque a Thorgerson no debió hacerle demasiada gracia, porque siempre renegó bastante de ésta portada, se ciñó a lo dicho y colocó dos imágenes superpuestas: unas ondas en el agua bajo las que está una oreja, eso sí, de cerdo. Como una confirmación de la cohesión instrumental de este álbum, en el interior se incluye una de las escasas fotografías de los miembros de la banda en sus discos.

Relics

Starline, 1971

El segundo álbum recopilatorio del grupo contiene una selección de temas de sus tres primeros álbumes de estudio, cuatro temas que solo se habían publicado en single y un tema de Roger Waters inédito hasta ese momento, «Biding My Time», que solo tocaron en los conciertos de presentación de la suite *The Man and The Journey*, en 1969. Aunque se acabó publicando con varias portadas distintas, la cubierta original era un dibujo de Nick Mason, una construcción fantasiosa a base de tubos de órgano, trompetas y elementos variopintos que recuerdan instrumentos musicales y que el batería había realizado en sus tiempos de estudiante de la Regent Street Polytechnic. En 1996 se hizo una reconstrucción tridimensional del dibujo para usarla en una nueva carátula y en 2008, Mason vendió una edición extraordinaria y limitada de láminas firmadas de esta cubierta.

El disco es fruto de la inquietud de su discográfica, EMI, que veía que el nuevo disco previsto, *Meddle*, no avanzaba y no disponían de material nuevo para sacar al mercado, lo que les llevó a tirar de material de la época de Syd Barrett, como los singles «Arnold Layne» y «See Emily Play», de caras B como «Paint Box», «Julia Dream» y «Careful With that Axe, Eugene» y temas de sus álbumes anteriores, con la intención de satisfacer una demanda que iba en aumento cada día. En el Reino Unido salió a la venta a mediados de mayo de 1971, con un moderado trigésimo segundo puesto en las listas, y dos meses después en Estados Unidos, donde las ventas fueron todavía menores.

Obscured by Clouds

Harvest Records, 1972

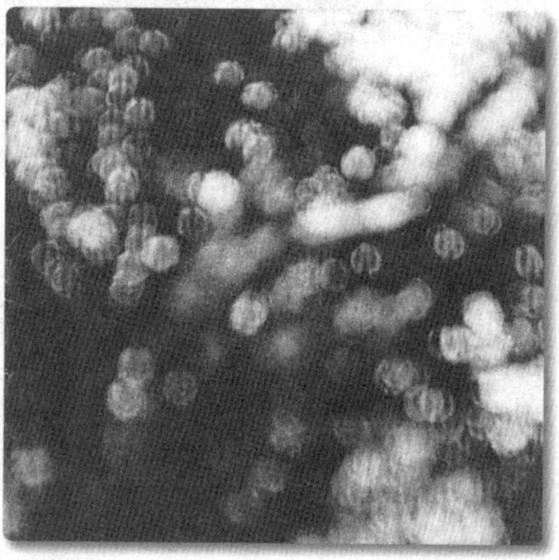

El disco extraído de la banda sonora de la película *La Vallée*, de Barbet Schroeder, el mismo director con el que habían trabajado tres años antes en *More*, refleja un momento de profundo cambio en la evolución del grupo, con una proyección personal más madura y que musicalmente preconiza el salto adelante que supondría su siguiente disco, *The Dark Side of the Moon*. Fue grabado en 11 días repartidos en dos sesiones en los meses de febrero y marzo, en el Chateau d'Herouville, en las proximidades de París, un viejo palacio que el compositor Michel Magne convirtió en unos célebres estudios por los que en los años 70 pasaron estrellas como Elton John, David Bowie o Marvin Gaye. Al igual que en *More*, el director les envió la copia final de la película con instrucciones precisas de las escenas en las que se debía incluir la música. El resultado fueron 10 cortes de los que Waters firma siete, Gilmour seis y Wright cinco, mientras que Mason solo ve su nombre acreditado en uno. El tema que cierra el disco, «Absolutely Curtains», incluye coros de una tribu de Nueva Guinea, los mapuga, en cuyo territorio está ambientado el film.

Las disensiones surgidas entre los integrantes de Pink Floyd y el director de la película, obligaron a que finalmente la banda sonora fuese comercializada bajo el nombre de *Obscured by Clouds* y no con el título original de film: *La Vallée*. El disco fue lanzado finalmente el 3 de junio de 1972 en el Reino Unido, llegando el número seis en las listas de ventas, y dos días después en Estados Unidos, donde, como era habitual, tuvo menos éxito que en su país de origen. La portada correspondió una vez más al colectivo Hipgnosis y se basaba en una fotografía completamente desenfocada de un hombre en un árbol –aunque hay quien prefiere ver una mujer desnuda –, mientras que la contraportada incluía tres fotogramas de la película, lo cual no satisfizo en absoluto a la compañía discográfica, que prefería algo menos abstracto y más comercial. Existe también otra carátula con la imagen de un abrebotellas antiguo con forma de cara con cuatro ojos. Durante los dos años siguientes a su lanzamiento, la banda abrió muchos de sus conciertos con dos temas de esta banda sonora: el que le da nombre y «When You're In».

A Nice Pair

Harvest Records, 1973

El primer doble recopilatorio de la banda es básicamente una reedición de los dos primeros álbumes, *The Piper at the Gates of Dawn* y *A Saucerful of Secrets*, con ligeras modificaciones y diferencias en las versiones inglesa y norteamericana, como el cambio del tema «Astronomy Domine» por la versión en vivo de «Ummagumma» y el añadido de «Flaming» y «Bike», canciones no incluidas en la edición británica. Fue lanzado el 4 de diciembre de 1973, esta vez primero en Estados Unidos, donde alcanzó el puesto número 36 en las listas y un mes más tarde salió a la venta en Inglaterra, donde cosechó un fracaso inicial de ventas. Las dos versiones contienen algunas diferencias en la edición de los temas. Se convirtió en disco de oro en 1994., pero en su momento la prensa especializada no le prestó una atención significativa.

En cuanto a la portada, el llamado colectivo Hipgnosis esta vez hace un trabajo de reciclaje, usando nueve imágenes de proyectos de portada descartados anteriormente. Cada una de las imágenes hace referencia a un refrán o frase hecha, excepto una que muestra los pechos desnudos de una mujer y un juego con el título del disco *A Nice Pair* (Un buen par), que fue censurada en algunos países como Estados Unidos. Curiosamente, la clínica dental que aparece en las primeras ediciones fue sustituida por la de un monje budistas, por la denuncia del propietario. En cualquier caso, la cubierta es de las menos apreciadas y reseñadas de la banda. Casi cinco años después de la marcha de Syd Barrett de la banda, el recopilatorio tuvo la virtud de llamar la atención de nuevas generaciones de aficionados sobre la figura del antiguo guitarrista y compositor en solitario de nueve de los temas del álbum.

The Dark Side of the Moon

Harvest Records, 1973

Con una estimación de más de 45 millones de copias, figura en el tercer puesto de la lista de discos más vendidos de todos los tiempos, por detrás del *Thriller* de Michael Jackson y *Back in Black* de AC/DC, aunque algunas fuentes lo colocan en segundo lugar, por delante de los australianos, y ha conseguido quince discos de platino solo en Estados Unidos. También ostenta el récord de ser el álbum que más tiempo ha permanecido en listas del Billboard, 14 años, y la revista *Rolling Stone* lo coloca en el puesto 43 de los cien mejores discos de la historia. Se extrajeron dos singles, «Money», que se aupó al puesto decimotercero de las listas, y «Us and Them», que tuvo una acogida bastante más modesta, al quedarse en el puesto número ciento uno. El disco comenzó a gestarse en la larga gira realizada en 1972 para poner en marcha un espectáculo que en principio se iba a llamar *Eclipse* y

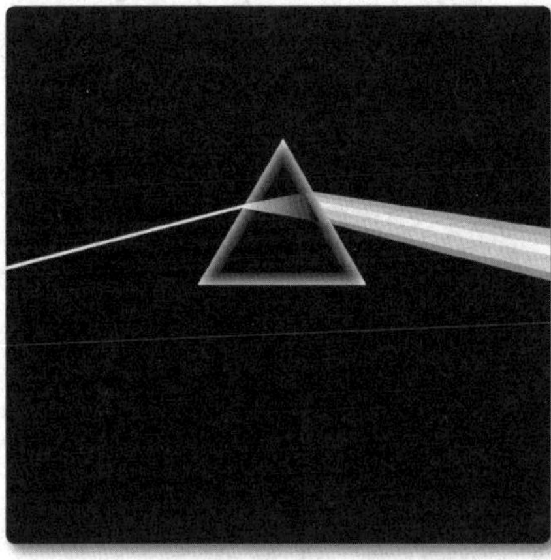

que acabó convirtiéndose en *The Dark Side of the Moon*, una obra que se fue perfilando a lo largo de los meses, antes de que la banda entrase en los estudios Abbey Road, para grabarlo en dos sesiones separadas, en mayo de 1972 y enero de 1973. Alan Parsons ejerció de ingeniero de sonido e incorporó distintos efectos de sonido inéditos hasta entonces y sintetizadores de última generación, para apoyar el ambiente un tanto tenebroso de las letras de Roger Waters que conforman una historia que habla sobre todo del conflicto interno, el miedo, la ansiedad, la degradación del individuo por el sistema y el deterioro mental, influido sin duda por el desmoronamiento psicológico de su ex compañero Syd Barrett.

Storm Thorgerson y Aubrey Powell, los cerebros creativos de Hipgnosis, presionados por el descontento de EMI con sus carátulas anteriores, realizaron siete proyectos distintos y los músicos, que también buscaban una imagen más elegante que las precedentes, eligieron el famoso fondo negro con un prisma refractando la luz y descomponiéndola en la gama básica de colores. Según explicación del propio Thorgerson, representa la conexión entre la luz, la ambición y la locura que caracterizaba la obra de Pink Floyd. La portada es una de las razones esgrimidas por los defensores de la extraña relación del disco con la película *Wizard of Oz (El Mago de Oz)*, dirigida por en Víctor Fleming, King Vidor, Mervyn LeRoy y Richard Thorpe 1939 y que también comienza en blanco y negro y termina en color. Leyendas al margen, este fue el disco que situó definitivamente a Pink Floyd entre los grupos de rock más importantes del momento y les proporcionó el estatus económico propio de las grandes estrellas y que marca un antes y un después, no solo para el grupo, sino también para la historia de la música rock.

Wish You Were Here

Harvest Records, 1975

Situada por fin en la cima del éxito, la banda repite el esquema de su disco anterior, *Dark Side of the Moon*, con un proyecto conceptual en el que todos los temas están de nuevo escritos por Roger Waters, e insiste en el uso de abundantes efectos de sonido y tecnología de última generación, que ponen esta vez en manos del ingeniero de sonido Brian Humphries, que sustituye a Alan Parsons, sumergido en su propio proyecto personal, *The Alan Parsons Project*.

El álbum se nutre del material que fueron componiendo a lo largo de la gira europea de 1974, en la que habían compuesto tres temas: «Shine On You Crazy Diamond», «Raving and Drooling» y «Gotta Be Crazy», que junto a «Welcome to the Machine» y «Have a Cigar», conforman una obra plagada de críticas a la industria musical, la presión y la frialdad de las relaciones de negocios y referencias más o menos veladas a la memoria de su antiguo líder, Syd Barrett. El tema que abre el disco, «Shine On You Crazy Diamond», firmado por Gilmour, Wright y Waters, es un tributo a su antiguo líder y compañero Syd Barrett, quien tuvo un extraño momento de protagonismo al presentarse por sorpresa en los estudios donde se estaban grabando las mezclas del tema, lo que dejó muy impactados a sus ex compañeros.

El disco se estrenó el 05 de julio 1975 en el Festival de Knebworth, al norte de Londres, en el que también actuaron las bandas Capitán Beefheart, Linda Lewis, Graham Chapman, Steve Miller Band y Roy Harper, quien tuvo un encontronazo con los Pink Floyd en el que salió perjudicado el equipo de la banda. Salió oficialmente al mercado en septiembre, cosechando un éxito inmediato: en Inglaterra entró directamente al puesto número uno en la primera semana y en Estados Unidos en la segunda. Fue tal la acogida que la compañía discográfica EMI no dio a basto para satisfacer la demanda con las 250.000 copias iniciales. Tras convertirse en disco de oro el mismo año de su edición, logró seis discos de platino en 1997. En el 2004 había vendido más de 13 millones de copias en todo el mundo. El lanzamiento se produjo tras importante cambio de compañía, ya que la banda su representante, Steve O'Rourke, hacía tiempo que estaban satisfechos con el escaso entusiasmo de su discográfica en Estados Unidos, Capitol Records, y decidieron que en esta ocasión la distribución corriese a cargo de *Columbia Records*, una filial de CBS, mientras en el reino Unido seguían con *Harvest Records*, la subsidiaria de EMI. Gracias a este cambio, a partir de entonces el grupo pasaría a ser propietario absoluto de los derechos de sus grabaciones.

La aparición del disco se produjo en un momento de complicadas relaciones con la prensa, Durante la presentación en Knebworth hubo problemas en el backestage y los críticos salieron muy descontentos. Tras el lanzamiento las críticas fueron muy irregulares, con predominio inicial de las negativas. La revista *Rolling Stone* les acusó de indolencia y falta de pasión y *Melody Maker* de falta de imaginación, mientras que *The Village Voic*e lo salvó de la quema y alabó su calidad sinfónica. Pero el tiempo convirtió el disco en una obra de culto. En el año 2003 *Rolling Stone* lo colocaba en el puesto número 209 de la lista de los 500 mejores álbumes de la historia.

Para dos de sus creadores, Wright y Gilmour, es el mejor álbum de Pink Floyd. Quizá su portada sea una de las imágenes más reproducidas del rock. El apretón de manos de dos hombres vestidos como ejecutivos, uno de ellos ardiendo, en una zona de hangares, es un icono universal de la cultura pop. Pero la verdadera intención del colectivo Hipgnosis era destacar el concepto de ausencia y lo hicieron no solo con la foto, sino también mediante una sobrecubierta de plástico negro que impedía ver la imagen de portada, que fue tal y como salió originalmente el álbum al mercado en Inglaterra. El envoltorio exterior de la portada llevaba también un dibujo que se convirtió en una especie de logotipo de la banda y que representaba dos manos mecánicas estrechándose, diseñado por George Hardie, otro de los miembros de Hipgnosis.

Animals

Harvest Records/EMI, 1977

La idea conceptual de este disco parte de la novela *Animal Farm* (Rebelión en la granja), en la que el escritor George Orwell crea un universo animal para criticar le represión y el control social del comunismo autoritario, lo que en la versión musical de Roger Waters, autor de todos los temas excepto uno, «Dogs», a medias con David Gilmour, se convierte en feroz crítica a la socialdemocracia, encarnada en Inglaterra por el gobierno laborista de Harold Wilson, y un llamamiento a la rebelión en unos días difíciles para Gran Bretaña, de gran conflictividad social que serviría de caldo de cultivo para el nacimiento de la primera oleada de una respuesta musical radical: el punk rock. Este décimo álbum de estudio fue grabado en los estudios que montaron a finales de 1975 en la calle Britannia Row, en Islington, al norte de Londres.

El 23 de enero de 1977 salió a la venta en Gran Bretaña, donde llegó al puesto número dos en las listas, y el 12 de febrero en Estados Unidos, donde se colocó en el tercer puesto de ventas. Al igual que sucedió con su disco anterior, la prensa profesional estuvo dividida. Mientras la revista londinense *New Musical Express* saludó su aparición con grandes elogios, desde San Francisco *Rolling Stone* calificó el disco como tedioso, afirmando que la banda había adoptado una actitud taciturna y previsible.

La anécdota del lanzamiento la protagonizó el prestigioso disc jockey John Peel, que recibió una copia del disco y la emitió para todo el país antes de la presentación oficial, prevista a bombo y platillo en la famosa emisora independiente Capital Radio. En esta ocasión, el diseño de la cubierta, un cerdo flotando entre las chimeneas de la central eléctrica Battersea Power Station, fue una idea original de Roger Waters, aunque la producción y ejecución estuvo a cargo del inevitable colectivo Hipgnosis.

La sesión de fotos para la portada es toda una historia en sí misma. El cerdo gigante, bautizado como Algie, fue diseñado por el artista australiano Jeffrey Shaw y fabricado por una empresa alemana de dirigibles, Ballon Fabrik.

Fue anclado frente a la central e incluso se contrató a un tirador de élite para perforar el cerdo aéreo y evitar que saliese flotando al espacio en un accidente, cosa que se produjo justo el día en el que el tirador ya no estaba por un retraso en la sesión de fotos. El caso es que el cerdo se fue volando hasta Kent y fue traído de vuelta para la sesión de fotos definitiva, aunque la versión final de la portada no incluye ninguna de ellas, sino una imagen del cerdo colocada con posterioridad.

The Wall

Harvest Records, 1979

Para muchos es el trabajo más mítico de la banda y una de las grandes joyas musicales de la historia del rock. Este segundo disco doble se inspira en las vivencias del propio Waters, que construye un personaje de ficción, una estrella del rock llamada Pink, una especie de antihéroe a mitad de camino entre el artista y el fan, que Roger creó tras un incidente que tuvo con un aficionado durante un concierto en Montreal. El personaje guarda enormes paralelismos con su autor: también perdió a su padre durante la guerra, también se consideraba una víctima del sistema educativo y también se siente aislado en su universo de mito musical. Waters crea una atmósfera depresiva, que lleva al protagonista hasta el borde de la locura, un límite que se resiste a traspasar, quizá en un guiño sentimental a su viejo compañero Syd Barrett, cuya influencia flota todavía en algunos aspectos de la personalidad de Pink.

El propio concepto del disco revela la situación de absoluto domino que Roger Waters tenía todavía por entonces en la banda, en la que afloraban las tensiones. La gestación del proyecto se realizó en medio de un imparable deterioro del ambiente interno de la banda.

El disco completo dura 81 minutos divididos en un total de 26 cortes que suponen otros tantos ladrillos en el muro de la fama de Pink Floyd. Temas como «The Happiest Days Of Our Lives», «Another Brick in the Wall», «Young Lust», «Run Like Hell», «Hey You», «Waiting For The Worms» o «Mother», forman parte del imaginario personal de varias generaciones de rockeros, sean o no aficionados al rock progresivo.

El disco se convirtió en un rotundo éxito de ventas desde el primer instante de su lanzamiento, en noviembre de 1979, aprovechando la estela del single «Another Brick in the Wall Part 2» que salió al mercado dos semanas antes que el álbum, y que se convirtió de inmediato en el primer y único número uno de un sencillo de la banda en el Reino Unido. El álbum logró la hazaña de mantenerse en el primer puesto de la lista del Billboard durante quince semanas, y acabó consiguiendo 23 discos de platino. A día de hoy supera las 33 millones de copias vendidas en todo el mundo. En la grabación colaboraron una veintena de artistas como Bruce Johnston, de los Beach Boys, Jeff Porcaro, fundador de Toto, Lee Ritenour, célebre guitarrista de jazz, Bobbye Hall, percusionista de Bob Dylan o el músico y productor Bob Ezrin, entre otros, además de los coros infantiles de la Islington Green School, los coros de la Ópera de Nueva York y la New York Orchestra.

La portada es la más sobria de todas las del grupo: un simple muro blanco con las letras de la banda y el título escritas en negro, obra de Gerald Scarfe, un famoso caricaturista e ilustrador. También es una de las más reproducidas en fotos, carteles, pegatinas, camisetas e incluso paredes de locales de rock & roll. En 1982 la película del mismo nombre acabó por catapultar el disco original a la categoría de icono universal del rock.

The Final Cut

Harvest Records, 1983

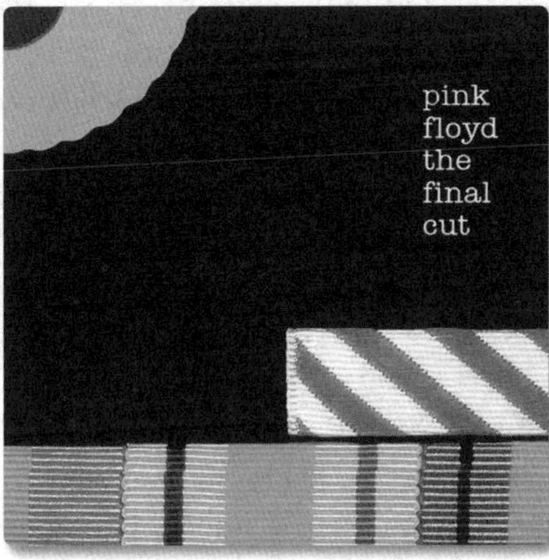

El duodécimo disco de estudio de la banda salió al mercado en Inglaterra el 21 de marzo de 1983, llegando rápidamente al número uno, y dos semanas después fue publicado en Estados Unidos, donde alcanzó el sexto puesto. En 1983 se convirtió en disco de platino, aunque en general las ventas fueron inferiores a los discos anteriores. A pesar de su relativo éxito, tiene el incongruente sambenito de ser considerado por una buena parte de sus fans como el peor disco de la banda. También recibió en el momento de su lanzamiento duras críticas por parte de la prensa especializada.

El sencillo extraído del álbum, «Not Now John», logró un éxito de ventas antes de ser censurado a causa de su estribillo, 'Fuck all that' (Que jodan a todo eso), que fue finalmente sustituido por recatado 'Stuff all that' (Que zurzan a todo eso). La grabación tuvo lugar en la segunda mitad de 1982, en ocho estudios diferentes, durante más de cinco meses y en medio de continuos enfrentamientos entre Roger Waters y David Gilmour, que acabaron grabando por separado con la colaboración de James Guthrie como ingeniero de sonido, Michael Kamen a los teclados, Andy Newmark y Ray Cooper en la percusión y Raphael Ravenscroft al saxo, que también soportaron las consecuencias del exagerado estrés de Waters. El litigo llegó hasta la eliminación de David Gilmour como productor en los créditos y a una casi absoluta ausencia del otro fundador, Nick Mason, que estaba sumido en una profunda crisis personal. Aunque a simple vista tenga un aire pop, la cubierta está cargada de simbolismo. Se trata de una foto en absoluto primer plano, un close-up, de un uniforme de un oficial británico de la Segunda Guerra Mundial con las medallas por actos de valor en aquella guerra, en la que falleció el padre de Roger Waters, que es quién se encarga del diseño de la portada después de la disolución del colectivo Hipgnosis, que se habían encargado hasta *Animals* de la imagen de los discos de la banda, así que desde la carátula al último acorde, éste construye un disco conceptual anti belicista con un absoluto control del producto final. Eran los días de la Guerra de las Malvinas y habla de lo innecesario de la guerra y de la traición a los militares que dieron su vida para construir un mundo mejor tras la Segunda Guerra Mundial, como era el caso de su padre, y que vieron traicionado ese sueño por los políticos, con críticas directas a la primera ministra británica, Margaret Thatcher.

Ese furibundo antibelicismo se explicita en una serie de canciones como «The Gunner's Dream», que cuenta los últimos pensamientos de un soldado de artillería antes de su muerte, «Paranoid Eyes», que habla de la difícil adaptación de un excombatiente a la vida civil, «Not Now John», una agria diatriba con Margaret Thatcher y la corrupción política, «Two Suns in the Sunset», un alegato contra la amenaza nuclear, o «Get Your Filthy Hands Off My Desert», un repaso cargado de odio hacia los líderes mundiales responsables de las guerras que de ese momento. En otros temas, como el que da título al álbum, el guitarrista da rienda suelta a sus fantasmas personales, pero fue el pacifismo que destilaba el disco, lo que dio popularidad a la despedida discográfica de la banda durante un lustro. Para acompañar el lanzamiento del álbum, y en una nueva vuelta de tuerca del ego de Roger Waters, se comercializó un cortometraje producido y protagonizado por el propio músico, en el que cuenta sus obsesiones a un psiquiatra. Tras la salida del disco cada uno tiró por su lado y comenzó un largo y penoso período de litigios judiciales.

A Momentary Lapse of Reason

EMI, 1987

El decimotercer álbum de estudio de la marca Pink Floyd es el primer álbum LP del grupo desde el abandono de Roger Waters. Se grabó entre el mes de octubre de 1986 y enero del siguiente año, en medio de un ambiente de tensión y discusiones entre Waters y el resto de la banda. Tras una agría disputa legal, David Gilmour y Nick Mason obtuvieron la autorización para usar el

nombre de Pink Floyd y dieron comienzo a una nueva etapa del grupo. El teclista Richard Wright que había abandonado la banda en 1979 a 'invitación' de Waters, también participó en este disco, lo que supuso su regreso, aunque no como miembro oficial de la banda. Los diez temas que componen el LP llevan la firma de Gilmour, aunque comparte la autoría de seis de ellos con los productores Bob Ezrin y Patrick Leonard, el compositor Anthony Moore y los músicos Jon Carin y Phil Manzanera. Nick Mason figura únicamente como batería, e incluso fue sustituido en varios temas. Es una obra alejada del tradicional disco temático o conceptual de la banda en la era Waters. El título se escogió tras haber descartado tres propuestas iniciales: *Signs of Life*, *Of Promises Broken y Delusions of Maturity*, e incluye desde temas con estructura de blues como «The Dogs of War», un instrumental como «Signs of Life», con unos segundos de voz de Mason, una canción alegórica sobre la libertad de volar y emprender una nueva etapa como «Learning to Fly» o «Sorrow», un tema de predominio guitarrero inspirado en *Las uvas de la ira* de John Steinbeck.

La portada es una foto del espectacular montaje de 785 camas de hospital alineadas sobre la playa de Saunton Sands, que se pierden en el horizonte, del que su creador, Storm dijo que se trataba de «Camas para soñar en ellas, o camas para recuperarse en ellas». Thorgerson regresaba al equipo después de casi diez años, desde que había diseñado la cubierta para *Animals*, en 1977, y en ésta ocasión se inspiró en una estrofa del tema «Yet Another Movie», en la que se dice: «Un hombre que corrió, un niño que lloró / Una chica escuchó una voz que mentía / El sol que se encendió con un rojo furioso / La imagen de una cama vacía». La imagen le valió al fotógrafo Robert

Dowling el premio de la Asociación Profesional de Fotógrafos de Inglaterra. Para evidenciar el inicio de una nueva etapa sin su anterior líder, Gilmour y Mason salen en el interior, en la primera foto del grupo que figura en unos de sus discos desde *Meddle*, en 1971.

Salió al mercado de forma simultánea en Inglaterra y Estados Unidos la primera semana de septiembre de 1987. La prensa especializada resaltó la impronta personal de Gilmour en un disco calificado de predecible, rutinario e inocuo, aunque sirvió para demostrar que el guitarrista podía hacerse cargo perfectamente la continuidad de la mítica banda, para enfado de Waters, que calificó el disco de falsificación. Comercialmente tuvo unos resultados extraordinarios, convirtiéndose en disco de oro y platino casi de inmediato y llegando a vender la rededor de ocho millones de ejemplares. El lanzamiento del álbum incluyó una espectacular gira de presentación que Roger Waters intentó dinamitar todo lo que pudo, montando incluso una gira paralela para promocionar *Radio K.A.O.S.*, su segundo disco en solitario. Al final Pink Floyd recorrió los cinco continentes llenando todos los conciertos y para rematar la jugada reunieron material más que suficiente para producir un disco en directo: *Delicate Sound of Thunder*.

Delicate Sound of Thunder

EMI, 1988

El primer álbum doble en directo de la época de Gilmour como líder del grupo fue grabado durante los cinco conciertos que dieron dentro de la gira *Momentary Lapse*, en el Nassau Coliseum de Nueva York entre el 19 y el 23 de agosto de 1988. Reune 15 temas, seis pertenecientes a su álbum anterior, *A Momentary Lapse of Reason*, tres de *The Wall*, otros tres de *The Dark Side of the Moon*, uno de *Wish You Were Here* y otro de *Meddle*, nueve de ellos con la firma compartida o en solitario del ex líder de la banda Roger Waters, por entonces en pleno litigio con sus antiguos compañeros. La grabación realizada por el ingeniero de sonido Buford Jones está considerada como uno de los directos mejor grabados de la historia.

El disco salió al mercado sin ser retocado en estudio, según manifestó David Gilmour, aunque sí se hicieron leves correciones, según el propio Buford. Fue lanzado el 22 de noviembre de 1988 con un rotundo éxito de ventas, aupándose al puesto número once de las listas tanto en Inglaterra como en Estados Unidos, 11 en el Billboard 200 y actualmente está catalogado como triple platino en ventas en Estados Unidos, donde en una década conseguiría tres discos de platino.

Muchos han querido ver en el diseño de la portada la influencia del pintor catalán Salvador Dalí, remitiendo la imagen de un hombre con bombillas cosidas a su traje a la foto del artista de Cadaqués en la que luce una chaqueta con copas de champan cosidas. Según su creador, Storm Thorgerson, la intención era reunir en una sola imagen las dos principales virtudes de las actuaciones en directo de la banda: sus sonoridad y sus efectos de luz e imagen, o como afirmó Thorgerson «Es un encuentro entre el Señor Luz y el Señor Sonido». En este caso la luz estaría representada por el hombre del traje de bombillas y el sonido por el otro individuo situado frente a él, al fondo y rodeado de pájaros. El álbum goza del curioso privilegio de haber viajado al espacio, con los astronautas de la nave espacial soviética *Soyuz* 7.

Shine on

1992

Pretende ser la recopilación definitiva de la banda, aunque se deja fuera discos como *Ummagumma*, *Atom Heart Mother u Obscured by Clouds*, y ni siquiera recoge el primer álbum publicado por el grupo, *The Piper at the Gates of Dawn*. La caja recoge siete obras: *A Saucerful of Secrets*, *Meddle*, *The Dark Side of the Moon*, *Animals*, *The Wall*, *Wish You Were Here y A Momentary Lapse of Reason*, y un disco extra titulado *The Pink Floyd Early Singles*, que contiene sus primeros discos sencillos que no figuran en ningún álbum oficial. Fue publicado el 24 de noviembre de 1992 en una edición de lujo que contenía un libro profusamente ilustrado con información sobre la banda y la obra editada en la caja, además de una colección de reproducciones de las portadas de los álbumes incluidos en la misma y la portada diseñada expresamente para esta recopilación.

Aunque de salida no obtuvo buenos puestos en las listas de ventas, acabó convirtiéndose en disco de platino tanto en Inglaterra como en Estados Unidos. Implícitamente, la edición es un nuevo homenaje al eternamente ausente Syd Barrett, ya que toma su título «Shine on You Crazy Diamond», un tema escrito por Roger Waters e inspirado en la figura de Barrett, quién apareció sorpresivamente en el estudio donde lo estaban grabando el 5 de junio de 1975.

The Division Bell

EMI, 1994

El último disco de estudio de la banda hasta su resurgimiento 20 años después con *The Endless River*, fue lanzado a bombo y platillo, con presentaciones y ruedas de prensa espectaculares que incluían dirigibles para llevar de paseo a los periodistas. Era un involuntario canto del cisne para la banda más espectacular de todos los tiempos. La mayoría de las letras fueron escritas por David Gilmour y la periodista Polly Samson, su novia de entonces y esposa actual, con un mensaje que en líneas generales trata de la comunicación humana y sus aristas: el enfrentamiento, la indiferencia, el aislamiento, el recelo o la autodefensa, con las ya habituales alusiones a la intrahistoria de la banda y la relación entre sus miembros. Según algunos estudiosos, este concepto central estaría inspirado en el libro de 1950 *The Human Use of Human Beings*, de Norbert Wiener, un matemático considerado el fundador de la cibernética.

La música corrió a cargo fundamentalmente de David Gilmour, con gran protagonismo de Richard Wright, recuperado formalmente para la formación después de que fuese despedido por Waters a finales de 1979, durante la grabación de *The Wall.* Ambos estuvieron apoyados instrumentalmente, además de por el eterno Nick Mason y por una decena de ingenieros de sonido y músicos entre los que destacan Bob Ezrin, Jon Carin, Guy Pratt, Dick Parry o Tim Renwick, que habían colaborado con la banda en varias ocasiones anteriores. También regresó su creativo artístico de cabecera, Storm Thorgerson, que hizo un trabajo ímprobo para montar la portada. Creó un gigantesco conjunto escultórico con dos cabezas de casi cuatro metros de altura, colocadas frente a frente, de forma que vistas desde cierta distancia podrían considerarse una sola cara. Se realizaron dos versiones, una en metal y la otra en piedra, y según Thorgerson trataban de reflejar el espíritu central de la obra: la comunicación, o la ausencia de ella. Las esculturas fueron ideadas por el diseñador gráfico Keith Breeden, un colaborador habitual de Storm, y construidas por John Robertson, él mismo que había hecho veintitrés años antes el extraño artefacto diseñado por Mason para la portada de *Relics*. Su obra forma parte del Rock and Roll Hall of Fame.

El disco fue publicado el 28 de marzo de 1994, con unas críticas bastante malas pero unas cifras de ventas más que aceptables: en poco más de un mes se colocó en el número y se convirtió en disco de oro y platino en el Reino Unido, cosa que repetiría un mes más tarde en Estados Unidos, donde sería doble platino en 1994 y triple platino en 1999. Junto con la gira de promoción y su secuela en directo, *PULSE*, fue un digno broche de oro para lo que durante muchos años pareció una despedida definitiva. Pero además *The Division Bell* tiene en extraño honor de ser el álbum que originó una de las leyendas más curiosas en torno a la banda, The Publius Enigma (El enigma de Publius), que se originó durante la promoción del disco con una nota en internet que proponía descifrar un mensaje oculto en el álbum disco. El interés aumentó cuando mensaje con el texto 'Publius Enigma' apareció iluminado durante uno de los conciertos de

Pink Floyd. Aunque muchos insisten en que el enigma existe y sigue sin resolverse, miembros de la banda han reconocido que se trataba de una maniobra promocional de la compañía. El último dato curioso del disco lo aporta la incorporación de la voz del científico Stephen Hawking en el tema «Keep Talking».

P.U.L.S.E

EMI, 1995

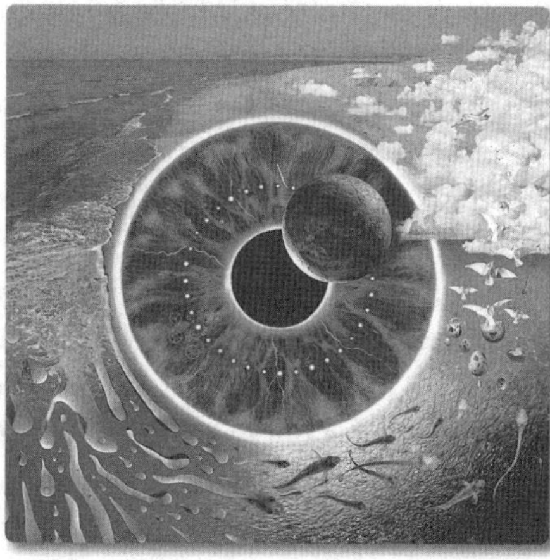

Disco doble recopilatorio con grabaciones en vivo de la parte final de la gira, *Division Bell Tour*, durante los conciertos celebrados en Europa entre los meses de julio y octubre. Son 25 temas que incluyen éxitos de toda su trayectoria extraídos fundamentalmente de cinco álbumes anteriores *Meddle* (1971), *The Dark Side of the Moon* (1973), *Wish You Were Here* (1975), *The Wall* (1979), *A Momentary Lapse of Reason* (1987) y *The Division Bell* (1994). Además de Gilmour, Wright y Mason, en el disco intervienen otros músicos, como Jon Carin en los teclados, Guy Pratt al bajo, Gary Wallis en la percusión, Tim Renwick a la guitarra y Dick Parry al saxo. En los coros están Sam Brown, Durga McBroom, Claudia Fontaine y Rachel Fury.

La producción estuvo a cargo de James Guthrie, que trabajó con la banda desde 1978, y el propio Gilmour, que hicieron retoques y arreglos en algunos temas, aunque ninguno fue regrabado en el estudio. Una vez más fue Storm Thorgerson el responsable artístico de la portada, para la que diseñó cinco proyectos distintos hasta que fue escogida la imagen del iris de un ojo sobre una composición de imágenes variadas que van desde nubes a planetas, pasando por pájaros en vuelo, larvas de peces o el mar rompiendo en la costa, lo que supone un regreso a los elementos psicodélicos. Parece ser que los miembros de la banda preferían la de un hombre flotando pero se impuso el criterio de la compañía y los creativos.

La carátula incluía una incorporación tecnológica, un led centelleante que parpadeaba a un ritmo constante, imitando los latidos del corazón. Según el autor, se trataba de conseguir una portada que rechinase, para un disco fácil de localizar en la oscuridad. Salió a la calle el 29 de mayo de 1995 y en menos de un mes se aupó al primer puesto en las listas de ventas tanto en Gran Bretaña como en Estados Unidos, país en el que se lanzó el 6 de junio y en el que en ese mismo año obtuvo tres discos de platino. Culminaba así un éxito económico que había comenzado ya con la gira *Division Bell Tour*, que dio lugar al disco y que en aquel momento fue la más taquillera de la historia del rock.

Is There Anybody Out There?
The Wall Live 1980-1981
EMI, 2000

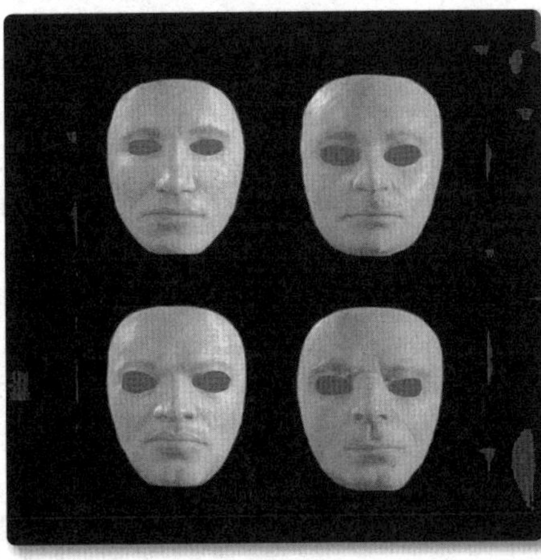

El ingeniero de sonido James Guthrie, trabajó con la banda entre 1978 y 1995, produciendo tanto discos de estudio como *The Wall* o *The Final Cut*, como recopilatorios tan curiosos como *A Collection of Great Dance Songs*, discos recopilatorios tan notables como *P.U.L.S.E* o esta antología de temas grabados en vivo entre 1980 y 1981, durante la gira *The Wall Tour*, aunque en realidad la mayoría de las grabaciones escogidas para la edición final fueron grabadas en la serie de conciertos celebrada entre el 4 y el 9 de agosto de 1980 en el Earls Court de Londres. Se trata de un doble álbum con 30 temas en total, lanzado por la compañía discográfica para conmemorar el 20 aniversario de la memorable gira de presentación del mítico disco, en la que la banda llegó a su mayor nivel de creatividad escénica con una mezcla de teatro, performance y actuación en directo, nunca superada por otros grupos.

Este doble álbum contiene las versiones en vivo de los temas recogidos en el disco inicial, mezclados magistralmente de nuevo para recuperar toda la fuerza del directo, por James Guthrie, que además añade de dos canciones adicionales: «What Shall We Do Now?» y «The Last Few Bricks», excluidos de la versión definitiva del álbum original. Algunas versiones contienen diferencias con los temas del disco de de 1979, como «Outside The Wall», que en la versión rescatada lleva coros, o «Confortably Numb», con una peculiar interpretación de Roger Waters.

La portada vuelve a ser obra de su fiel colaborador Storm Thorgerson, quien diseñó una carátula de fondo negro con cuatro máscaras de color terroso, que corresponden a los cuatro miembros de la banda y que formaban parte del atrezzo de los espectáculos en directo. El disco fue lanzado con un libreto que recogía las impresiones de cada uno de los miembros de la banda sobre la composición y creación del álbum The Wall. Salió al mercado por primera vez en lo Países Bajos el 23 de marzo del 2000 y obtuvo una buena posición en las listas, aupándose al puesto número 15 en Gran Bretaña y al 19 en Estados Unidos, donde alcanzaría la categoría de disco de platino.

Sin embargo, la recepción de la crítica no fue entusiasta y aunque alabaron la calidad del trabajo técnico de Guthrie, tildaron el resultado general de demasiado esquemático.

Echoes: The Best of Pink Floyd

EMI, 2001

Este recopilatorio de 26 canciones realiza un amplio recorrido por la discografía de la banda, aunque no tan exhaustivo como hubiesen deseado

muchos de sus fans, que recibieron el disco con críticas por la ausencia de temas integrados en discos como *More*, *Ummagumma* o *Atom Heart Mother*.

Los temas no están ordenados de forma cronológica y abarcan desde el más antiguo, su primer single «Arnold Layne», de 1967, hasta «High Hopes», la última canción de su último álbum de estudio, *The Division Bell*, de 1994.

Gracias al trabajo del productor James Guthrie, un antiguo colaborador en la discografía de la banda, los temas se enlazan de forma ininterrumpida, sin separaciones entre ellos, lo que añade una excepcionalidad al disco. Fue publicado el 5 de noviembre de 2001, prácticamente de forma simultánea en el Reino Unido y en Estados Unidos, donde en menos de un mes se colocó en el segundo puesto del Billboard, desplazando al mismísimo *Invincible* de Michael Jackson. La portada es una composición de imágenes en la que se recogen iconos de todas las carátulas de la banda, a modo de recopilatorio gráfico: desde los martillos de *The Wall* al hombre en llamas de *Wish You Were Here*, pasando por la oreja bajo el agua de *Meddle*, las cabezas gigantes de *The Division Bell*, las vacas de *Atom Heart Mother* o un militar en referencia al álbum *The Final Cut*.

También podría considerarse un homenaje del autor de la cubierta, Storm Thorgerson, ya que suyas son también las portadas recogidas en ésta. A pesar de algunas ausencias, por lo demás entendibles en una obra tan extensa, está considerado como una obra perfecta para aproximarse al universo Pink Floyd.

The Endless River

Parlophone, 2014

En 2012 el guitarrista y productor Phil Manzanera recibió de manos de David Gilmour 20 horas de grabaciones, con la intención de sacar un nuevo álbum de estudio tras 18 años de silencio. El resultado fue un disco irregular, a mitad de camino entre la música ambiental y el rock progresivo, con 18 temas que están bastante lejos del broche de oro musical que la banda se merecía como despedida. Se trata de una recuperación de grabaciones descartadas en la versión final del último disco grabado en estudio, *The Division Bell*. La idea inicial era recuperar un viejo proyecto, el disco *The Big Spliff*, que el productor Andrew Jackson había editado con grabaciones realizadas en los estudios Britannia Row y en la casa flotante de Gilmour, *Astoria*, entre finales de 1994 y principios del 94. Sin embargo el proyecto quedó archivado hasta que, tras la muerte de Wright, Gilmour y Mason decidieron recuperarlo y ponerse en manos del guitarrista y productor que con la colaboración de los productores Andrew Jackson, Damon Iddins y Martin Glover 'Youth', creo la base de lo que sería el último disco de Pink Floyd.

Con Richard Wright muerto seis años antes, el disco es un implícito homenaje al teclista y, en cierto modo, también supuso un acto de desagravio al batería Nick Mason, que tras una temporada en un discreto segundo plano vuelve a figurar como autor en los créditos del álbum y participó muy activamente en todas las entrevistas y actos promocionales del disco. Otro que había fallecido un año antes de la edición del disco era Storm

Thorgerson, fundador de Hipgnosis, así que el diseño de la cubierta recayó en Ahmed Emad Eldin, un artista digital egipcio, que realizó un trabajo casi onírico, con una imagen de una barca surcando las nubes. Su salida batió récords de aceptación, colocándose en el número uno de las listas de Gran Bretaña, Países Bajos, e Irlanda, y convirtiéndose en el tercer álbum más vendido del año en Inglaterra.

A pesar de ello, buena parte de la crítica lo recibió con muchas reservas, alabando su calidad técnica pero criticando su falta de conexión con el espíritu original de la banda.

5. FILMOGRAFÍA

En la consolidación y difusión de Pink Floyd como un icono cultural, el cine pesa casi tanto como su música. La banda británica fue una de las que puso más empeño en acercar dos lenguajes, dos formas de narrar, convirtiendo su música en un apoyo perfecto para la narración cinematográfica y sus actuaciones verdaderos espectáculos audiovisuales. Fueron pioneros en poner su creatividad musical al servicio de películas de culto de la contracultura y quizá la dimensión de su fama mundial no sería la misma si no hubiese existido una película llamada *The Wall*.

Pink Floyd puso música y espíritu a las películas que definieron una generación, la de los hippies de finales de los sesenta y principios de los setenta. Sus bandas sonoras acompañaron el periplo cinematográfico de un sueño que se fue diluyendo poco a poco en el desencanto y que acabó resbalando hacia el abismo de la heroína y los alucinógenos. *More*, *Zabriskie Point*, *La Vallée* y *The Committee*, no solo son una muestra de las excelencias musicales de la banda, sino que son un testimonio cinematográfico de toda una época, la del apogeo contracultural, en la que Pink Floyd tiene un papel absolutamente protagonista.

Además de su gran obra de cabecera, *The Wall*, en la que el disco y la película forman un todo casi indisoluble, los integrantes de la banda, juntos o por separado, han protagonizado numerosos documentales y han puesto su música al servicio de decenas de películas de todo tipo y condición. Incluso han ido más allá y han provocado lecturas de seguidores y expertos que han pretendido, e incluso han conseguido, hacer confluir su música con películas en las que no participaron en absoluto, algunos incluso anteriores a su existencia, generando ríos de tinta sobre sincronizaciones y confluencias de su letra y música con obras cumbre del séptimo arte, en muchas ocasiones a pesar del rotundo desmentido de los integrantes de la banda. Sin duda alguna el caso más legendario de conexión cinéfila del grupo es su presunta relación con la película *The Wizard of Oz* (El Mago de Oz), dirigida en 1939 por Víctor Fleming con Judy Garland como estrella principal. El mito creado alrededor de este tema recibió el nombre de *The Dark Side of the Rainbow*, y se refiere a la absoluta sincronía que, según sus defensores, existe entre el disco *Dark Side of the Moon* y la película. A pesar de que los miembros de la banda han repetido una y otra vez que la presunta sincronización no es nada más que una coincidencia, miles de aficionados siguen reivindicándola y el fenómeno ha sido recogido por la cultura popular en series y programas de televisión e incluso existe un disco del colectivo reggae Easy Star All-Stars, llamado *The Dub Side of The Moon*, creado especialmente para adaptar *The Dark Side of The Moon* a la película.

Ya de lleno en el territorio de la especulación y la leyenda, muchos fans han encontrado también una sincronización casi perfecta entre el tema «Wish You Were Here», de 1975, y la película *Metrópolis*, dirigida por Fritz Lang en 1927. Otra sincronización reiteradamente comentada es la del tema «Echoes» y la película *2001: A Space Odyssey (2001. Una odisea en el espacio)* de Stanley Kubrick, estrenada en 1968, en concreto con la última parte del film, conocida como «Jupiter and Beyond The Infnite», algo descartado tanto por el grupo como por el propio Kubrick. Otro desencuentro entre el director de cine y los reyes de la psicodelia se produjo a principios de los setenta, cuando Kubrick les pidió que le dejasen incluir el tema «Atom Heart Mother», en su película *A Clockwork Orange* (La naranja mecánica), estrenada en 1971. Sin embargo la pretensión del director de usar el tema para editarlo a su antojo chocó con la oposición frontal de la banda, especialmente con la de Roger Waters, que acabaría lamentando más tarde aquella oportunidad perdida, que no pareció dolerle mucho a Kubrick, que acabó sustituyendo a Pink Floyd por Beethoven y que acabó haciendo un guiño a este asunto incluyendo la portada del disco en una escena de la película que transcurre en una tienda de música.

En este capítulo de anécdotas sobre conexiones cinematográficas no podemos olvidar la de la banda sonora de la película que nunca fue tal: *Dune* en versión de Alejandro Jodorowsky, quién, junto al productor Michel Seydoux, se embarcó a principios de los años 70 en el proyecto de llevar al cine por primera vez la novela de ciencia ficción homónima, publicada por Frank

Herbert en 1965. Jodorowsky se puso en contacto con Pink Floyd, que acaban de grabar el disco conceptual *The Dark Side of the Moon*, para que se hiciesen cargo de la banda sonora. Llegó a visitarlos en los estudios Abbey Road, donde, tras un primer momento de desencuentro, les convenció para incorporarse al proyecto, que finalmente se truncó por falta de recursos financieros y la dificultad de adaptar el guión de Jodorowsky, excesivamente largo. En 1982 el cineasta italiano Dino De Laurentis compró los derechos de la película, que acabó siendo dirigida por David Lynch.

Leyendas, fracasos, obras maestras, bandas sonoras geniales, documentales imprescindibles u olvidables y proyectos inconclusos, conforman la filmografía atípica de una banda singular que apostó siempre por ir un paso más allá en sus conceptos artísticos y en la forma de plasmarlos.

PELÍCULAS Y DOCUMENTALES

Pink Floyd Londres 66-67

Peter Whitehead, 1967

La primera incursión cinematográfica de la banda es este cortometraje de 30 minutos de duración, protagonizado por los cuatro miembros originales de la banda: Syd Barrett, Roger Waters, Nick Mason y Richard Wright, y dirigido por Peter Whitehead, escritor y cineasta estrella de la psicodelia británica y además amigo de Barrett y Waters de los días de la Cambridge High School.

El documental recoge las filmaciones de sendas sesiones de grabación de unos primerizos Pink Floyd, realizadas en enero de 1967 y pagadas por el propio director filme, para ser incluidas en una película que preparaba por aquellos días, titulada *Tonite Let's All Make Love*. De estas sesiones Whitehead rescató dos temas: una versión inicial de «Interstellar Overdrive» y un tema improvisado, Nick's Boogie, que se intercalan con imágenes del Londres contracultural, el llamado Swinging London, especialmente de la fiesta de psicodelia celebrada en el Alexandra Palace en abril de 1967 y que se recogen en fragmentos de imágenes de la película *14 Hour Technicolor Dream Extravaganza*, en la que aparece una semidesconocida Yoko Ono, realizando una performance, mientras por su lado John Lennon ejerce visitante curioso. El film cuenta también con imágenes y opiniones de personajes de la escena local como el dueño de la galería de arte Índica, John Dunbar, el músico Mick Jagger, el actor Michael Caine y la figura del pop art David Hockney.

Live at Pompeii

Adrian Maben, 1972

A principios de 1971 el director de cine Adrian Maben, cautivado por la especial relación que Pink Floyd establecía con el arte en sus grabaciones, sus conciertos y sus espectaculares puestas en escena, llamó al representante de la banda, Stephen O'Rourke, para proponerle la realización de una película que reflejase esa íntima relación, sin tener en ese momento ninguna idea concreta sobre la forma de llevarla a cabo. Al principio se barajó la posibilidad de hacer confluir la música del grupo con obra pictórica de varios artistas, pero la idea acabó siendo desestimada y el proyecto entró en hibernación, hasta que durante unas vacaciones en Italia, mientras visitaba las ruinas de Pompeya, arrasada por la erupción del Vesubio en el año 79 de nuestra era, se le ocurrió que aquellas piedras milenarias podrían ser el escenario perfecto para la película. Hasta entonces, el cine sobre festivales de rock, al estilo de *Monterrey Pop Festival* o *Woodstock*, tenía una carga y una puesta en escena documental, en la que la música compartía espacio con las evoluciones del público y el ambiente del concierto. Maben decidió ir más allá y colocar un grandioso plató natural vacío y en completo silencio, el anfiteatro romano de Pompeya, al servicio de la música en directo de la banda, que acapararía así el protagonismo absoluto.

En la primera semana de octubre un espectacular equipo de rodaje y sonido se instaló en aquel idílico marco para rodar un atípico concierto sin público durante cuatro días. Los temas fueron ordenados y estructurados por el director de la película a partir de una grabación que le enviaron previamente los miembros de la banda a modo de propuesta. Los ingenieros de sonido aprovecharon el eco que proporcionaba el derruido anfiteatro para crear una peculiar atmósfera musical que encaja con la grandiosidad del escenario y la notoria ausencia humana. El rodaje estuvo plagado de anécdotas: desde tener que vigilar que nadie desenchufara la conexión eléctrica con el ayuntamiento local que garantizaba corriente suficiente para rodar, hasta retrasos provocados por ceremonias religiosas. La grabación se completó en París en una sesión en la que la banda tocaba «Careful With That Axe, Eugene», ante unas imágenes de Pompeya proyectadas con un novedoso aparato, para la época, el sistema Transflix, algo que desmerecía del resto de la película y que el propio director calificó como un error en declaraciones posteriores.

La edición original, estrenada en septiembre de 1972, duraba una hora y solo contenía la grabación del concierto y el añadido de París. Aunque en principio estaba pensado para ser emitido por televisión, el documental se exhibió también en salas de cine, aunque tenía el hándicap de su escasa duración, lo que llevó a Adrian Maben a grabar material extra con entrevistas y sesiones de grabación de la banda en los estudios de Abbey Road durante la producción del álbum *The Dark Side of the Moon*. Este material se incorporó en una nueva edición de ochenta minutos estrenada en 1974. La película se ha reeditado en varias ocasiones y en el año 2003 el director decidió hacer una nueva y definitiva versión, con una duración de hora y media en la que incorporó nuevo material extra con entrevistas de los músicos y él mismo, imágenes del proyecto espacial Apolo y una versión renovada de las grabaciones de Pompeya. El proyecto original cosechó unos discretos resultados económicos y críticas bastante negativas, aunque con el paso de los años ha se ha ido revalorizando como una película atípica y fundamental en las películas de conciertos.

Pink Floyd - The Wall

Alan Parker, 1982

Tres años después de la exitosa publicación del disco, uno de los más vendidos en la década de los 70, la banda, y de una forma muy especial Roger Waters, decidió darle todavía una mayor dimensión artística y hacer una versión cinematográfica que se convertiría en una de las películas musicales más importantes de todos los tiempos. El director, Alan Parker, que dos años antes había dirigido *Fame*, optó por hacer un musical absolutamente apartado de los cánones del género, profundizando en la parte conceptual del disco y mezclando imágenes de animación con las escenas de los actores, con permanentes flashbacks históricos, buscando siempre una narrativa que en su momento resultó rompedora. El guión fue escrito por Roger Waters, autor también de la concepción y las letras del álbum que dio origen a la película. En ambos el vocalista y bajista de Pink Floyd, da rienda suelta a sus obsesiones personales a través de un personaje ficticio, Floyd 'Pink' Pinkerton, una estrella del rock desquiciada por la fama, cansada del ambiente profesional que le rodea y que se refugia en las drogas hasta acabar completamente destrozado psíquicamente. El personaje no solo guarda un paralelismo con su antiguo compañero y líder, Syd Barrett, alejado desde hacía años de la banda, víctima de las drogas y el deterioro mental, sino que además es un sosias de Waters con quien comparte trauma por la pérdida de su padre en combate y complejo de víctima de una madre obsesiva y un sistema educativo demasiado rígido. La película hace continuos saltos atrás y adelante en la vida del protagonista, tiene muy pocos diálogos y está plaga de metáforas; y todo ello vehículado mediante la música de Pink Floyd. Uno de sus hallazgos más celebrados son los 15 minutos de animación creados por el ilustrador Gerald Scarfe, en los que Waters, describe una pesadilla basada en los bombardeos alemanes sobre Londres durante la Segunda Guerra Mundial.

El reparto está encabezado por Bob Geldof, en el papel de la estrella de rock, con Christine Hargreaves y James Laurenson, como los padres de Pink, Eleanor David, como su esposa, Kevin McKeon, dando vida al Pink adolescente, David Bingham, como el niño, Alex McAvoy, encarnando al profesor y Bob Hoskins, como el mánager. El propio Waters se reservó un cameo como testigo de boda. La banda sonora introduce numerosos cambios respecto al disco. La mayoría de los temas fueron remezclados, extendidos o regrabados con añadidos de efectos o la voz de Bob Geldof como cantante, se introdujeron temas nuevos como «When the Tigers Broke Free», «Empty Spaces» fue sustituida por «What Shall We Do Now?», otras canciones, como «Mother», fueron regrabadas casi por completo y su letra se vio sustancialmente alterada y otras fueron sencillamente eliminadas, como fue el caso de «The Show Must Go On» y «Hey You».

La película fue producida por Metro-Goldwyn-Mayer y se estrenó oficialmente el 14 de julio de 1982, después de un tormentoso rodaje con constantes enfrentamientos entre los tres creadores: el director Alan Parker, el guionista Roger Waters y el dibujante e ilustrador Gerald Scarfe. Se exhibió fuera de concurso en el Festival de Cannes, cosechó un importante éxito comercial recaudando 22 millones de dólares en menos de seis meses, recibió críticas muy favorables por parte de la prensa especializada y logró dos premios de Cine de la Academia Británica a la mejor canción original, «Another Brick in the Wall», y al mejor sonido en conjunto, lo que evidencia el decisivo peso de la música de Pink Floyd en el film.

Final Cut

Willie Christie, 1983

Cortometraje de 19 minutos, también denominado Vídeo EP, dirigido por Willie Christie y producido por Barry Matthews, que se editó para acompañar el lanzamiento del álbum homónimo. El guión es de Roger Waters, que también protagoniza el corto junto a Alex McAvoy, el actor que cuatro años antes había interpretado al profesor de *The Wall* y que en esta ocasión encarna a un veterano de la Segunda Guerra Mundial que aporta la visión subjetiva de diversos escenarios mientras suenan fragmentos de distintos temas del grupo. Waters da vida a un paciente, del que se ven poco más que los labios, que canta la letra de «The Final Cut» a su psiquiatra, alguien llamado A. Parker-Marshall, un nombre con el que el músico juega para hacer un homenaje a Alan Parker y Alan Marshall, el director y productor respectivamente, de la película *The Wall*. El psiquiátrico donde se produce esta escena y por donde pululan personajes como Margaret Thatcher y Leopoldo Galtieri, presidentes de Inglaterra y Argentina durante la Guerra de las Malvinas, Ronald Reagan, Winston Churchill, Adolf Hitler o Napoleón Bonaparte, se llama Fletcher Memorial Home, como la canción de la banda, que también suena en este vídeo junto a «Not Now John», «The Final Cut» y «The Gunner's Dream». La película ahonda en el tono anti belicista del disco homónimo y refleja la actitud de protesta airada de Waters, quien se erige en el padre intelectual de toda la obra en una época en la que el distanciamiento con el resto de la banda empezaba a conducir inevitablemente hacia la separación, que se produciría tras el lanzamiento de este proyecto. La salida del vídeo y el disco se produjo el 21 de marzo de 1983, con un notable éxito comercial y una importante polémica por su directo mensaje anti belicista y sus críticas directas a la guerra de las Malvinas que había finalizado solo diez meses antes.

Life Could Be a Dream

Mike Shackleton, 1986

Se trata de un corto documental sobre la figura del personaje más discreto artísticamente de la banda, el batería Nick Mason, que fue el autor del guión, y por el guitarrista Rick Fenn. En la película Nick aparece conduciendo un Porsche 956 durante el campeonato mundial de resistencia celebrado en el circuito de Mosport, Toronto, Canadá, en 1984, en el que Mason compitió como integrante de la escudería de Rothmans Porsche. Mientras se suceden las imágenes del coche por la pista, la megafonía advierte al público del circuito que el famoso batería de Pink Floyd es quién pilota el Porsche número 3, desde cuyo interior Mason comienza a contar sus recuerdos de infancia, acompañando a su padre a las carreras, que son acompañados por imágenes de un joven Nick acompañando a su padre a bordo de un Bentley por la campiña británica. También se recrea una carrera de los años 50 y durante la película el ruido de los motores da paso a temas como «The Scarecrow», «One of These Days» o «Profiles».

El documental dura 27 minutos y además de las escenas de Mason en el gran premio, incluye grabaciones de su padre, conduciendo un deportivo Bentley de los años treinta, mientras suena una versión de «Sh'Boom», el tema popularizado en 1954 por los Crew Cuts, interpretada por el propio Nick Mason y por Rick Fenn, antiguo guitarrista de Mike Olfield y del grupo británico de pop rock 10cc, cuyo cantante Eric Stewart, también participa en la banda sonora.

La obra se completa con una serie de secuencias rodadas en el estudio del batería, rodeado de su colección de coches y comentando una serie de grabaciones caseras de la banda, que incluyen la interpretación del tema «One of These Days» en la versión grabada durante el rodaje de *Live at Pompeii*, en 1972 y su actuación en el Crystal Palace Bowl de Londres, en 1971. La película fue producida por Sharon Gold y editada por Roger Cherrill Limited Production para NVC Media Limited. El director, Mick Shackleton, lograría cierta notoriedad tres años después con el film de ciencia ficción *Survivor*.

The Pink Floyd and Syd Barrett Story

John Edginton, 2001

Documental de Otmoor Productions para la serie Omnibus de la cadena de televisión BBC Two, titulado originalmente *Syd Barrett: Crazy Diamond*.. Durante una hora la obra repasa la trayectoria de la banda mediante una serie de entrevistas realizadas con miembros fundadores de Pink Floyd: Roger Waters, David Gilmour, Nick Mason, Richard Wright y Bob Klose, quien dejó la banda en 1965, que tratan de acercarnos a la controvertida figura de Syd Barrett.

También recoge las opiniones de personas próximas al fundador de la banda, como el fotógrafo Mick Rock, autor de la portada de *The Madcap Laughs*, el primer disco de Syd en solitario, Jerry Shirley, el batería de

la banda de blues rock Humble Pie, que participó en el segundo disco garbado por Barrett fuera de la banda, el mítico productor y cazatalentos Joe Boyd, que produjo el primer single de Pink Floyd, «Arnold Layne», Duggie Fields, el artista underground que compartió piso con Barrett en los días del nacimiento de Pink Floyd, Bob Geldof, que había interpretado el film *The Wall*, el bajista Jack Monck que el acompañó en su último concierto o el cantante y compositor Robyn Hitchcock, fundador de la banda de rock alternativo The Soft Boys.

Presentada y narrada por la periodista de la BBC Kirsty Wark, película incluye como material documental de apoyo películas domésticas inéditas y grabaciones de olvidadas apariciones en programas de televisión. Según relató en su momento su hermana Rosemary, Syd Barrett, que tenía la salud muy deteriorada y acabaría muriendo cinco años después, vio el documental cuando fue emitido por televisión y en general se mostró complacido, especialmente cuando sonaban viejos temas como «See Emily Play».

En estados Unidos se emitió una versión titulada simplemente *Pink Floyd and Syd Barrett*. En el año 2006 la productora Eagle Rock Entertainment lanzó en Inglaterra una nueva edición en DVD que incluye las entrevistas integras con los miembros de la banda, además del montaje original del film.

Classic Albums: Pink Floyd

The Making of 'The Dark Side of the Moon'

Matthew Longfellow, 2003

Como evidencia su propio título, se trata de un documental que relata la creación del álbum homónimo. El proceso es reconstruido con detalles y anécdotas aportadas por David Gilmour, Nick Mason, Roger Waters y Richard Wright, en entrevistas realizadas en distintos momentos y escenarios, que se completan con los testimonios de colaboradores como Alan Parsons, que fue el ingeniero de sonido del disco, Storm Thorgerson, el diseñador de la mítica portada, los periodistas musicales Nigel Williamson, Robert Sandall y David Fricke y el productor Chris Thomas. La narración se apoya en imágenes de archivo, fotos y grabaciones de los miembros de la banda interpretando distintos temas del único disco en cuya creación participaron todos los miembros del grupo prácticamente por igual.

El director, Matthew Longfellow, es un especialista en este tipo de trabajos y tiene en su haber documentales sobre la creación de discos históricos de John Lennon, The Who, Queen, Ray Davis, Frank Zappa, Tom Petty and The Heartbreakers, Black Sabbath o Metallica. El documental dura 50 minutos y forma parte de la serie Classic Albums, editada por Isis Productions y Eagle Rock Entertainment.

Rock Milestones
Pink Floyd - Atom Heart Mother
2007

Realizado 35 años después de la grabación del álbum *Atom Heart Mother*, este documental revisita la creación de aquella obra, considerada como una de las más experimentales de la banda. El innovador músico y compositor Ron Geesin, que fue uno de los principales colaboradores en aquel quinto disco del grupo y que también colaboraría con Roger Waters en la banda sonora *Music from The Body*, rememora aquellos días de febril creatividad, cuando la banda comenzaba a adentrarse en el rock progresivo, en una serie de entrevistas que se complementan con declaraciones de Waters, Gilmour, Mason y Wright y con abundante material de archivo, especialmente grabaciones únicas de la actuación del grupo en el Bath Festival of Blues and Progressive Music, que se celebró en junio de 1970 en Somerset, que se convirtió en un hito contracultural y en el que también participaron Led Zeppelin.

Con una duración final de 75 minutos, el documental fue editado por Navarre Corporation en febrero de 2007. La misma serie *Rock Milestones* ha dedicado vídeos similares a la creación de otros seis discos de la banda, pero éste es el más relevante de todos ellos.

A Technicolor Dream

Stephen Gammond, 2008

El The 14 Hour Technicolor Dream fue un concierto celebrado el 29 de abril de 1967 en el Gran Salón del Alexandra Palace de Londres para recaudar fondos destinados a la revista contracultural International Times. El evento ha pasado a la historia como una de las mayores y más caóticas fiestas de la psicodelia londinense, con 30 bandas que actuaron durante 14 horas seguidas, a veces incluso de forma simultánea, y por el asequible precio de una libra esterlina.

Entre los participantes figuraban bandas y artistas de distinto pelaje musical, desde pioneros de la psicodelia británica como Soft Machine, The Move o The Pretty Things, a bluesman como Champion Jack Dupree, pasando por músicos étnicos como Ginger Johnson and His African Messengers, pioneros del rhythm & blues británico como Graham Bond, representantes del folk irlandés como Noel Murphy o exponentes del imparable rock británico como Pete Townshend. Pink Floyd aparecieron hacia el final, casi al amanecer, cuando la fiesta estaba en su punto más delirante y se convirtieron en las estrellas del evento. La película, además de momentos de las actuaciones musicales, recoge el ambiente y las evoluciones del público, entre el que figuran John Lennon y Yoko Ono, cada uno por su lado.

Intervienen en el documental Kevin Ayers, pionero de la psicodelia británica con su banda Soft Machine, Joe Boyd, uno de los productores estrella de los años 60 y dimanizador de la escena contracultural londinense, John Hopkins, cofundador de *Internacional Times* y conocido como King of the Underground Hoppy, Phil May, cantante de The Pretty Things y Barry Miles, escritor contracultural y organizador del concierto, además de los miembros de la banda Nick Mason, Roger Waters.

El documental escrito y dirigido por Stephen Gammond, que tres años antes había dirigido el documental *This Machine Kills Fascists*, sobre el cantante folk norteamericano Woody Guthrie; y producido por Jon Beecher, fue estrenado el 13 de octubre de 2008, con muy buena acogida por parte de la prensa musical.

Pink Floyd. The Story of Wish You Were Here

John Edginton, 2012

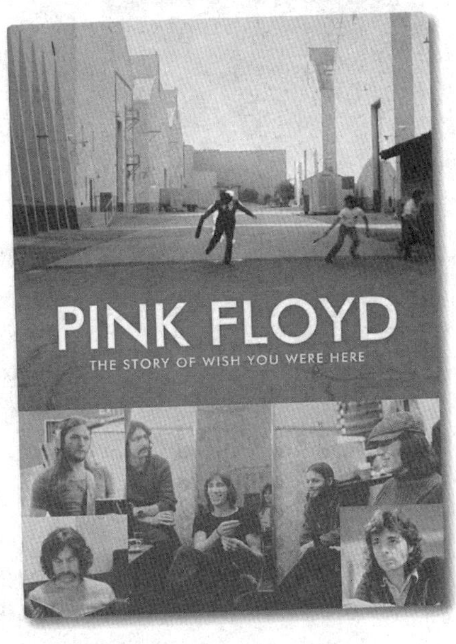

Documental de 85 minutos de duración, con guión escrito por el propio director, sobre los entresijos de la grabación de este mítico álbum de la banda. Incluye imágenes de archivo y entrevistas inéditas y recientes a los tres miembros vivos de la formación: Waters, Gilmour y Mason, y declaraciones provenientes de material de archivo del cuarto integrante en la época de la grabación, el fallecido Richard Wright.

El documental recoge también declaraciones numerosos artistas que colaboraron en el disco, como Roy Harper, que puso la voz en el tema

«Have a Cigar», Venetta Fields, que hizo coros, los fundadores del colectivo Hipgnosis, Storm Thorgerson y Aubrey Powell, que crearon la portada, el fotógrafo Jill Furmanovsky, el productor y periodista musical Joe Boyd, el ingeniero de sonido Brian Humphries, el promotor de los primeros tiempos de la banda Peter Jenner y el crítico Nick Kent. Todos ellos van desgranando anécdotas y detalles del proceso de creación y grabación del disco, que es un homenaje a su antiguo compañero Syd Barrett, desde el mismo título *Wish You Were Here* (Ojalá estuvieras aquí).

De hecho el vídeo contiene un grabación de la sorpresiva visita que Barrett hizo a sus compañeros mientras se encontraban en el estudio grabando el tema central del disco, «Shine On You Crazy Diamond». En general fue acogido con buenas críticas, especialmente por su aspecto emocional, que lo hace destacar sobre la multitud de vídeos recopilatorios sobre la historia de la banda y su producción musical.

Pink Floyd Uncut - An Independent History Tour

2013

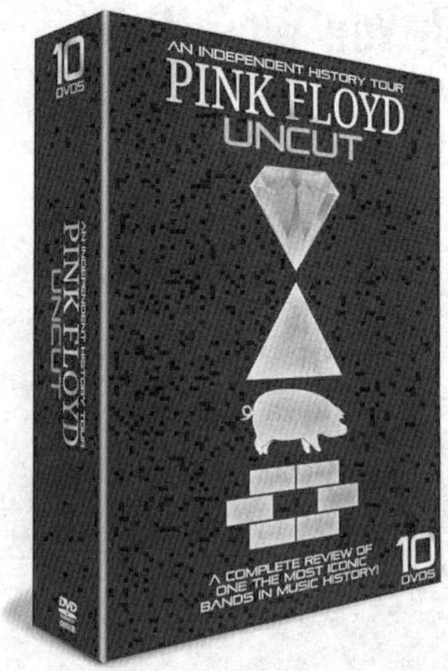

El 19 de noviembre de 2013 salió al mercado una caja de 10 DVD que ofrecía una amplia visión de la historia del grupo. Se trata de la más extensa y exhaustiva recopilación de documentales y grabaciones de conciertos y presentaciones protagonizados por la banda entre 1967 y 1996. La selección se presentó como la más detalla obra editada hasta el momento, que incluye entrevistas de archivo con los miembros del grupo, opiniones y análisis sobre su obra a cargo de periodistas musicales, productores y críticos de cine, material extra recopilado de entrevistas y reportajes elaborados por cadenas de televisión de todo el mundo y grabaciones inéditas de particulares.

Todo ello se traduce en 700 minutos de sobredocumentación de la leyenda del rock sinfónico, con una visión autocalificada como independiente, producida y publicada por E1 Entertainment Distribution.

Roger Waters The Wall

Sean Evans y Roger Waters, 2014

Montaje en torno al mítico disco que recoge varios conciertos realizados entre septiembre de 2010 y 2013, durante la gira The Wall Live, realizada por Waters en el trigésimo aniversario del lanzamiento del álbum y que congregó a cerca de 4 millones de espectadores en todo el mundo. Se trata de una obra intimista y retrospectiva del fundador de la banda, que trata de reivindicar su aportación al espíritu original de la misma, al tiempo que sirve de homenaje a la memoria del padre del músico y de su abuelo, fallecidos ambos en la Primera y la Segunda Guerra Mundial, respectivamente. En el documental se alternan las grabaciones de espectaculares actuaciones en directo con la visita de Waters, acompañado por sus hijos, a las tumbas de sus antepasados, en escenas cargadas, e incluso recargadas, de emoción. El dolor y la crítica despiadada de los conflictos bélicos y los totalitarismos de todo tipo empapan la obra de principio a fin.

El director de fotografía de este documental de dos horas y media de duración fue Brett Turnbull y en él participaron, además del propio Waters, los guitarristas Dave Kilminster, Snowy White y G.E. Smith, Jon Carin y Harry Waters en los teclados y el piano, el batería Graham Broad, y las voces de Pat Lennon, Robbie Wycoff, Jon Joyce, Mark Lennon y Kipp Lennon. La presentación corre a cargo del actor Liam Neeson. Contiene en total 29 temas, todos los que recoge el disco original y dos más incluidas en el álbum *Is There Anybody Out There? The Wall Live 1980-1981*. El film comienza con Waters en un cementerio memorial de la guerra interpretando con una trompeta un toque militar fúnebre con el que comienza y termina el álbum original.

La película fue producida por Rue 21 Productions y se estrenó en el Festival Internacional de cine de Toronto del 2014. El documental incluye un extra titulado *The Simple Facts*, una entrevista Nick Mason y Roger Waters en la que ambos responden a cuestiones planteadas por los aficionados sobre distintos aspectos de la historia de la banda. Las críticas fueron generalmente positivas, aunque no faltaron reproches al codirector del film, Roger Waters, por lo que muchos consideraron excesiva egolatría.

* * *

La lista de vídeos, tanto oficiales como piratas, que documentan y analizan la historia personal y la trayectoria musical de Pink Floyd al completo, o de sus componentes por separado, es prácticamente inabarcable. Solo entre los años 2006 y 2008 la colección de vídeos *Rock Milestones*, especializada en música rock de todas las épocas y editada por Edgehill Publishing, publicó ocho vídeos dedicados a la creación de siete álbumes emblemáticos de la banda y uno más a la época inicial, protagonizada por Syd Barrett. Todos incluyen viejas grabaciones sobre la grabación de los distintos discos, entrevistas de archivo a los cuatro miembros de la banda y a un sinfín de músicos, productores, representantes, ingenieros de sonido, actores y periodistas, que en su día colaboraron de una u otra forma con la banda o fueron testigos directos de su evolución. Vídeos no oficiales de la banda, son auténticas joyas para los aficionados, superando en la mayoría de las ocasiones la importancia documental de su vídeografía oficial. Entre ellos destacan *Complete Amsterdam Rock Circus*, la grabación del concierto de 1972 en la ciudad holandesa, que a pesar de su calidad casi doméstica, ofrece la última actuación en vivo de «Atom Heart Mother», *Delicate Sound of Thunder*, el vídeo la gira A Momentary Lapse of Reason Tour, *Pulse*, el DVD del concierto celebrado en 1994 en Earls Court, Londres, *Racial Violence*, con imágenes del concierto celebrado en 1977 en el Wiener Stadthalle, de Wien, Austria, *Rebirth Of The Band*, el vídeo del concierto del Omni Coliseum, de Atlanta, en noviembre de 1987, *Pink Floyd–Another Brick In The Wall–Live*, el concierto de Londres de 1980 y *Saint Tropez 1970*, con su actuación en el Festival de

St. Tropez, en agosto de 1970. También son habituales las grabaciones de la participación del grupo en documentales y películas sobre historia musical, que abarcan desde su primera aparición grabada en la película *Tonight Let´s All Make Love in London*, un retrato del Swinging London de finales de los 60, a grandes eventos de rock, como el *Live at Knebworth*, el documental del festival celebrado el 15 de noviembre de 1990, en el que participaron artistas como Phil Collins, Tears For Fears, Eric Clapton, Dire Straits, Elton John o Paul McCartney, o el *Live 8*, el DVD del concierto realizado en paralelo en varias partes del mundo organizado por Bob Geldof en 2005, que cerró definitivamente la carrera de la banda.

BANDAS SONORAS

The Committee

Peter Sykes, 1968

La primera banda sonora del grupo fue para una película protagonizada por Paul Jones, el antiguo cantante de Manfred Mann, que por entonces había emprendido una carrera artística en solitario. En el reparto figuran también los actores Jimmy Gardner, Tom Kempinski y Robert Langdon Lloyd, y la actriz Pauline Munro. Se trata de una obra experimental de 58 minutos de duración, rodada en blanco y negro, con un discurso surrealista sobre la libertad individual, el recurso a la violencia y la transgresión del principio de autoridad. Escrita por Max Steuer y Peter Sykes, con el tiempo se convirtió en una película de culto gracias en gran medida a su banda sonora, que en principio iba a ser una creación de Syd Barrett, pero su baja de la banda obligó al resto a echar mano de grabaciones instrumentales realizadas meses antes, entre las que estaba el germen de dos temas futuros: «Careful With That Axe, Eugene» y «Main Theme». La aportación musical de Floyd no superaba los 20 minutos de duración y aunque no fue editada, pronto comenzaron a circular copias piratas La banda sonora se completó con música del grupo de rock psicodélico The Crazy World of Arthur Brown.

More

Barbet Schroeder, 1969

Fue la primera película del director francés de origen iraní Barbet Schroeder, escrita por él mismo y por Paul Gégauff, producida por Les Films du Losange, del propio Schroeder, e interpretada en sus papeles principales por Mimsy Farmer, Klaus Grünberg, Heinz Engelmann, Michel Chanderli y Henry Wolf. Es un alegato a una cultura y una concepción del mundo, la del amor, paz y psicotrópicos de finales de los sesenta. Narra las experiencias de un estudiante alemán durante su viaje de fin de carrera a París e Ibiza, lo que la convierte en un documento contemporáneo del fenómeno hippie europeo, las comunas, el amor libre y las experiencias con las drogas alucinógenas, y fue en su día una película de culto, especialmente gracias a la aportación musical de Pink Floyd, en uno de los puntos evolutivos de su carrera. La banda sonora fue publicada el 13 de junio de 1969 con el obvio título de *Music from the Film More*, el tercer álbum de la banda, conocido popularmente como *More*. El director, Barbet Schroeder, era natural de Irán y había vivido en primera persona la eclosión hippie, viajando por América y Europa uniéndose a las primeras comunas. Se instaló en París para trabajar como escritor y crítico de jazz. Conocía muy bien el universo de las drogas y le quedó un retrato tan próximo a la realidad que cubrió la obra de pesimismo y crudeza. El rodaje de la película comenzó poco antes de los tumultos del mayo francés e inevitablemente refleja también esa época de inquietud y rebeldía.

Aunque oficialmente la banda sonora fue compuesta expresamente para la película, en realidad el grupo aprovechó material que ya habían ido estrenado en sus directos, ya sin Syd Barrett, y temas como «Cymbaline», «Ibiza Bar», «A Spanish Piece» o «The Nile Song», nacidos durante su estancia en Ibiza, tanto en 1979 como durante el rodaje con lo que consiguieron garbar la banda sonora en un tiempo récord de poco más de una semana. Los Floyd grabaron 16 temas para el film, pero solo se incluyeron 13 en el disco que publicaron con la banda sonora en junio de 1969. Los temas «Hollywood», «Seabirds» y «Theme (Beat version)», solo se pueden escuchar en la película. La música de la película marca un momento de transición en la historia de la banda, con el abandono de la psicodelia y la consolidación del binomio Waters-Gilmour.

Zabriskie Point

Michelangelo Antonioni, 1970

Zabriskie Point es un lago que se secó hace cinco millones de años que se encuentra en el interior del famoso desierto de El Valle de la Muerte, en California, donde se rodaron parte de los exteriores de esta peculiar película dirigida por el italiano Michelangelo Antonioni. Se trata de una atípica *road movie* con trasfondo político y contracultural, otra de esas películas de culto surgidas en torno a los últimos años de la década de los 60 y principios de los 70. Narra la historia de Daria y Mark, dos estudiantes que tras un enfrentamiento entre estudiantes y policías en un campus universitario, viajan al desierto, donde se fragua un proyecto inmobiliario. Ella trabaja para el promotor de la constructora y él es un prófugo al que se acusa de la muerte de un policía durante la revuelta estudiantil. Tras una serie de rocambolescas experiencias, Mark regresa la ciudad donde es abatido por un policía y Daria acaba volando la casa del ejecutivo inmobiliario, con su propietario dentro

El reparto estaba encabezado por dos jóvenes sin experiencia en el mundo de la interpretación: Mark Frechette y Daria Halprin, un carpintero y una hippie con aspiraciones a actriz, que fueron respaldados por curtidos actores de reparto como Paul Fix, Rod Taylor o G. D. Spradlin. Mark Frechette fallecería cinco años más tarde mientras se encontraba en prisión condenado por intentar atracar un banco. El famoso Harrison Ford tuvo una fugaz aparición como uno de los estudiantes arrestados por la policía.

Pink Floyd grabaron varios temas destinados a la película en los últimos días de 1969. Aunque la idea inicial era que se hicieran cargo por completo de toda la banda sonora, las dificultades de entendimiento con el director, Michelangelo Antonioni, dejaron los temas elegidos en tres solamente: «Heart Beat, Pig Meat», «Crumbling Land» y «Come in Number 51, Your Time Is Up», una versión de «Careful With That Axe, Eugene». El director rechazó al final casi una veintena de piezas como «Us and Them», que sería publicada como sencillo en 1973. Además incluye temas de Roy Orbison, The Youngbloods, Jerry Garcia, The Kaleidoscope, Grateful Dead, Rolling Stones, Patti Page y John Fahey. Con el paso de los años ha acabado siendo un film de culto para todo aquel que quiera aproximarse a la contracultura de finales de los años sesenta, su estreno fue un rotundo fracaso comercial y cosechó rotundas críticas negativas, a pesar de estar producida para la Metro-Goldwyn-Mayer por el todo poderoso Carlo Ponti, el orgulloso marido de Sofía Loren y responsable de películas como *Boccaccio*, *Guerra y paz* o *Matrimonio a la italiana*. El álbum con los temas originales de la película fue editado en 1970 y reeditado en 1997 con material extra de Jerry García y Pink Floyd, descartado en el montaje final del film.

La Vallée

Barbet Schroeder, 1972

Dirigida por su viejo conocido, el francés Barbet Schroeder. está rodada en espectaculares espacios naturales de Nueva Guinea, que sirven de fondo a una banda sonora repleta de baladas hipnotizantes y románticas que se convirtieron en uno de los grandes legados de Pink Floyd. Narra el encuentro y desencuentro de un grupo de aventureros con una tribu perdida de Papúa, los Mapuga, que habitan un valle oculto por las eternas brumas, un paraíso perdido y afortunadamente olvidado por la civilización. Interpretada por Jean-Pierre Kalfon, Bulle Ogier, Jérôme Beauvarlet, Monique Giraud y Michael Gothard, el guión fue escrito por el propio director, Barbet Schroeder, y cuenta las aventuras y desventuras de un grupo de hip-

pies que entran en contacto con una remota civilización de Papua-Nueva Guinea en su incansable búsqueda del supremo conocimiento, la verdad absoluta que dé sentido a sus vidas.

Las experiencias con drogas alucinógenas, la práctica del amor libre y el afán de libertad sin tabúes ni ataduras, seducen a la esposa del cónsul de Francia en Melbourne, que se une al grupo como contrapunto burgués. La convivencia con la tribu de los Mapuga le da un tono semidocumental con tintes ecologistas a este drama hippie que pasó sin mayor pena ni gloria. Catalogada como banal, la crítica salvó básicamente dos aspectos de la película: la banda sonora y el paisaje natural con el que ésta se fundía, magistralmente plasmado por el director de fotografía, el español Néstor Almendros. Los discretos resultados de la película fueron compensados de alguna forma por el éxito del disco resultante, *Obscured by Clouds*, editado en 1972 y en el que no aparecen algunas de las versiones realizadas para la banda sonora del film. El disco está considerado como el cierre de la trilogía progresiva de Pink Floyd, que grabaron la música en Francia siguiendo la copia máster de la película en un plazo de dos semanas.

Crystal Voyager

David Elfick, 1972

Película australiana de tipo documental rodada en California, dirigida por David Elfick, grabada y narrada por uno de los gurús de la cultura surfer, George Greenough, que la protagoniza junto al californiano Ritchie West y al australiano Nat Young, dos legendarias figuras del surf. Fue estrenada en la Ópera de Sydney en diciembre de 1973, cosechando un notable éxito, con una recaudación próxima al millón de dólares. Esta buena acogida se repitió durante su presentación en el Festival de Cannes. La banda sonora, merecedora del premio Aria Award for Best Australian Movie Soundtrack, tiene su momento cumbre en la larga escena final de la película, rodada con cámara subjetiva por el propio Greenough mientras se adentra en los

grandes y espectaculares rizos de las olas y suena «Echoes», una canción que desde entonces iba acompañada en las presentaciones en directo por imágenes de archivo de la propia película. La música del filme cuenta también con composiciones del guitarrista británico Mick Liber y el músico neozelandés G. Wayne Thomas, experto en bandas sonoras y composiciones para publicidad y espacios comerciales y famoso por su banda sonora de la mítica película surfera *Morning of the Earth*.

The Hit

Stephen Frears, 1984

Aunque la banda sonora original es una composición del guitarrista de flamenco Paco de Lucía, que contribuye decisivamente a la ambientación española de la película, Roger Waters tiene una destacada presencia al interpretar el tema de apertura que da título al film, junto a Eric Clapton. Escrita por Peter Prince y protagonizada por John Hurt, Terence Stamp, Tim Roth, Laura del Sol, Fernando Rey y Bill Hunter, narra las andanzas de mafioso inglés, un soplón que vive bajo una falsa identidad en un pueblo perdido de la Costa del sol.

Hasta allí van a buscarlo dos asesinos a sueldo con la idea de secuestrarlo y llevarlo de regreso para que pague su delación, pero todo se complica en un thriller más que correcto. Clapton y Waters tocan una canción de menos de dos minutos con aires sinfónicos y un contrapunto de guitarra country-blues. Fue producida por Zenith Productions y estrenada con bastante éxito el 12 de septiembre de 1984.

When the Wind Blows

Jimmy T. Murakami, 1986

Película de animación basada en la novela gráfica homónima de Raymond Briggs, cuenta las peripecias de un matrimonio de ancianos ante un ataque nuclear de la Unión Soviética a Gran Bretaña. Los preparativos de un rudimentario refugio nuclear reaniman sus rutinarias vidas, pero tras la explosión nuclear acaba sucumbiendo a la radiactividad. Se trata de una obra anti belicista con una banda sonora de lujo que, además del propio Roger Waters, que canta el tema final de los créditos de la película con David Bowie, incluye a artistas como Génesis, Squeeze, Paul Hardcastle, el maestro de los sintetizadores o Hugh Cornwell, el líder de The Stranglers. Las voces de los dos personajes protagonistas, Jim y Hilda Bloggs, están interpretadas por los veteranos y famosos actores John Mills (*Guerra y paz* y *Gandhi*) y Peggy Ashcroft (*39 escalones* y *Pasaje a la India*). En la banda sonora, Waters toca con The Bleeding Heart Band, su grupo de acompañamiento en su experiencia en solitario a finales de los años ochenta.

White of the Eye

Donald Cammell, 1987

Nick Mason y Rick Fenn escribieron la música de este estrafalario thriller dirigido por Donald Cammell, un representante de la bohemia underground, famoso por dirigir en 1970 el film *Performance*, protagonizado por James Fox y Mick Jagger, y que acabaría suicidándose en 1996.

White of the Eye está protagonizada por David Keith, Cathy Moriarty, Alan Rosenberg, Art Evans y Michael Greene y cuenta la investigación de una serie de asesinatos entre la clase alta en Arizona con un triángulo amoroso de fondo y está plagada de flashbacks surrealistas. Mason y Fenn componen una banda sonora con especial peso de sonidos electrónicos, prolongados riffs de guitarra y una percusión basada en el estilo indio, que cobran una dimensión especial en las escenas rodadas en el desierto. Los 26 cortes musicales mantienen en todo momento un punto inquietante que contribuye a aumentar la extraña atmósfera de una película ya de por sí bastante desconcertante.

The Last Mimzy

Bob Shaye, 2007

Aunque algunas publicaciones acreditan la banda sonora a Howard Shore y Roger Waters, este último se encargó en realidad de colaborar en un solo tema «Hello (I Love You)», en cuya producción colaboró otro viejo colaborador de Pink Floyd, el ingeniero James Guthrie. El resto de la música del film es obra de Howard Shore, famoso por bandas sonoras como la de *El Señor de los Anillos*, *Philadelphia* o *El silencio de los cordero.* Se trata de una película de ciencia ficción, una obra menor dirigida por el especialista en distribución de cine comercial de entretenimiento, Bob Shaye.

Fue una de sus pocas incursiones en las labores de dirección y constituyó un absoluto fracaso que no ayuda a salvar el reclamo de Roger Waters en la banda sonora. «Hello (I Love You)» es un tema que puede parecer un tanto sensiblero comparado con la trayectoria de Waters, aunque según sus propias declaraciones estaba satisfecho de una colaboración en la que reflejaba la lucha entre el bien y el mal y el triunfo de la inocencia infantil. La canción contiene referencias a los álbumes The Wall y The Dark Side of the Moon, y se lanzó en un single y con un vídeo que contiene imágenes con instantes de la grabación de la canción por parte de Waters.

C.R.A.Z.Y.

Jean-Marc Vallée, 2005

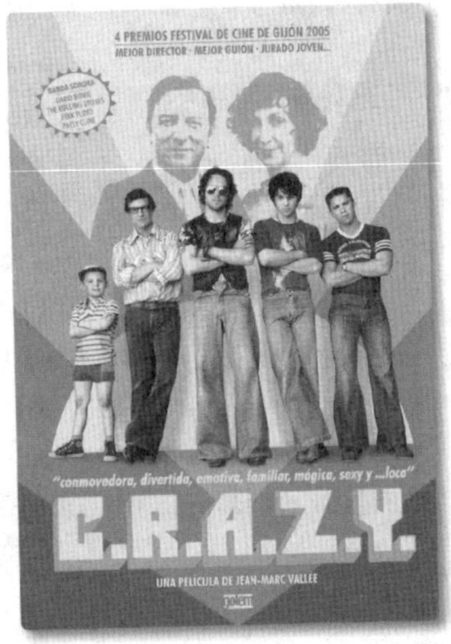

Un exitoso film canadiense que narra la conflictiva vida de Zach, un joven homosexual en los años 70 y en la que la banda sonora tiene un peso fundamental ya que la música forma parte del torturado universo personal del protagonista. Pink Floyd, que aporta dos temas a la banda Sonora de la película, «Shine On You Crazy Diamond» y «The Great Gig in the Sky», comparte el protagonismo musical con Rolling Stones, David Bowie, Charles Aznavour, Jefferson Airplane, Elvis Presley, The Cure o Patsy Cline, entre otros.

The Departed

Martin Scorsese, 2006

El director de *The Last Waltz* muestra una vez más su acreditada pasión por la música en esta película de género policíaco con una banda sonora que incluye el tema «Comfortably Numb», compuesto por Roger Waters y David Gilmour, e interpretado por el propio Gilmour junto a Van Morrison y The Band. La música de la película la completan nombres tan míticos del rock como John Lennon, The Rolling Stones The Allman Brothers Band, La Vern Baker o The Beach Boys, entre otros. La versión de «Comfortably Numb» que suena en la película fue grabada en directo en el concierto del Muro de Berlín de 1990, interpretada por Roger Waters, Van Morrison, Rick Danko, Levon Helm y Garth Hudson de The Band.

Due Date

Todd Phillips, 2010

Se trata de una *road movie* en clave de comedia, protagonizada por Robert Downey Jr. y Zach Galifianakis y escrita por Alan R. Cohen y Alan Freedland. Incluye en su banda sonora el tema «Hey You» de Roger Waters, aunque la música de la película la firma el compositor canadiense Christophe Beck, autor más de 35 bandas sonoras, casi todas con el humor como eje central.

El tema de Pink Floyd, escrito por Waters, pertenece al álbum *The Wall* y aunque estaba previsto incluirlo en la película homónima, al final quedó fuera por un problema de metraje.

6. BIBLIOGRAFÍA

Aguilera, Christian. *Historia del rock sinfónico*, T&B Editores, Madrid, 2012.

Anderson, Pete / Watkinson, Mike. Crazy Diamond. *Syd Barrett y el amanecer de Pink Floyd*, Munster Books, Madrid, 2009.

Bianciotto, Jordi. Pink Floyd. *Welcome to The Machine*, Editorial La Máscara, Valencia, 1994.

Blake, Mark. Pigs Might Fly. *The Inside Story of Pink Floyd*, Aurum Press, London, 2013.

Boyd, Joe. Blancas bicicletas. *Creando música en los 60*, Global Rhythm, Barcelona, 2007.

Cambiasso, Norberto. *Vendiendo Inglaterra por una libra. Una historia social del rock progresivo británico. Tomo I: Transiciones de la psicodelia al prog*, Gourmet Musical, Buenos Aires, 2014.

Cavanagh, John. *The Piper at the Gates of Dawn, de Pink Floyd*, Libros Crudos, 2013.

Chapman, Rob. Syd Barrett. *El brillo de la ausencia*, Global Rhythm Press, Barcelona, 2012.

Cohen, Laura / Luriano, R. / Martínez Castellote, Rafel. *Pink Floyd. Canciones*, Editorial Fundamentos, Madrid, 2009.

Dister, Alain / Leblanc, Jacques / Woehrle, Udo. *Le livre du Pink Floyd*, Albin Michel / Rock & Folk, París, 1978.

Espitallier, Jean-Michel. *Syd Barrett, le rock et autres trucs*, Philippe Rey, París, 2009 .

Fielder, Hugh. *Pink Floyd, tras el muro. Toda la historia, desde 1965 hasta hoy*, Editorial Blume, Barcelona, 2015.

Fitch, Vernon. *Pink Floyd Encyclopedia*, Collector's Guide Publishing, Ontario, 1998.

Forcada Miranda, Fernando. Bootlegs. *El tesoro del rock. El gran legado de Pink Floyd*, Editorial Milenio, Lleida, 2012.

Forcada, Fernando. *Pink Floyd. Más allá del muro*, Editorial Milenio, Lleida, 2006.

Leduc, Jean-Marie. *Pink Floyd*, Ediciones Júcar, Gijón, 1984.

Leroy, Aymeryc. P*ink Floyd. Plongée dans l´oubre d´un groupe paradoxal*, Le Mot et le Reste, París, 2015.

Mabbett, Andy / Mabbett, Miles. *Pink Floyd, A visual documentary*, Omnibus Press, London, 1995.

Mason, Nick. *Dentro de Pink Floyd*, Robinbook, Barcelona, 2007.

Mari, Michele. *Rojo Floyd, La Bestia Equilátera*, Buenos Aires, 2013.

Maymí Rich, Josep. Syd Barrett y Jim Morrison. *Viaje hacia la transgresión*, Quarentena Ediciones, Barcelona, 2015.

Miles, Barry. *Pink Floyd. The Early Years*, Omnibus Press, London, 2006.

Muniesa, Mariano. *The Wall. Pink Floyd*, Quarentena Ediciones, Barcelona, 2011.

Oullion, Jean-Michel. *Pink Floyd: Magiciens, alchimistes et milliardaires*, Les Carnets de l'Info, París, 2011.

Palacios, Julián, *Syd Barrett. Dark Globe*, Plexus Publishing, Londres, 2008

Povey, Glenn. *Los tesoros de Pink Floyd*, Timun Mas, Barcelona, 2012.

Povey, Glenn / Russell, Ian. *Pink Floyd: In the Flesh. The Complete Performance History*, St. Martin's Griffin, New York, 1998.

Schaffner, Nicholas. *La Odisea de Pink Floyd*, Robinbook, Barcelona, 2005.

Watkinson, Mike / Anderson, Pete. *Syd Barrett, le diamant noir*, Camion Blanc, 2005.

Watkinson, Mike / Anderson, Pete. *Syd Barret y el amanecer de Pink Floyd: Crazy Diamond*, Autor-Editor, Madrid, 2012.

Zotelo, Ricardo. *Pink Floyd. Historia, cronología y letras*, Bubok Publishing, Madrid, 2016.

Tracklist

Puedes acceder a esta selección como playlist en la web de streaming musical Spotify, escribiendo en tu navegador de internet el siguiente enlace:

http://sptfy.com/2CW1

En la misma colección

Heavy Metal
Andrés López Martínez
Este libro hace un repaso pormenorizado de la historia del heavy metal, destacando las claves del género y las bandas más representativas del panorama internacional, incluyendo aquellas que más suenan en España e Hispanoamérica.

- Metal progresivo: Queensrÿche, Fates Warning y Dream Theater.
- Funk Metal: Living Colour, Primus, Red Hot Chili Peppers, Faith No More.
- Grindcore: Napalm Death, Carcass, Bolt Thrower, Brutal Truth, Extreme Noise Terror.
- Groove Metal: Exhorder, Pantera y White Zombie.

Soul y Rhythm & Blues
Manuel López Poy
Este libro hace un repaso pormenorizado de la historia del soul y el rhythm and blues, destacando cuáles son las claves de un género que ha hecho bailar y emocionarse a media humanidad, así como una amplia selección de sus principales grupos y los álbumes fundamentales que lo componen.

- Los grandes pioneros: Sam Cooke y Ray Charles.
- Bajo el sello Stax Records: Otis Redding, Sam & Dave.
- Llega la revolución soul: Aretha Franklin.
- El fenómeno Motown: The Supremes, Gladys Knight & The Pips.
- El neo soul: Amy Winehouse, Erykah Badu, Jill Scott.

Rockabilly
Manuel López Poy
Este libro es una completa guía para conocer los grupos y los personajes clave que forjaron la leyenda y el mito del rock y de uno de sus principales subgéneros, el rockabilly.

- Fats Domino: el pionero de Nueva Orleans.
- Johnny Hallyday, el orgullo francés.
- Buddy Holly, el chico formal de contundente rock and roll.
- Roy Orbison o la trágica melancolía.
- Elvis Presley, simplemente El Rey.

Hard Rock

Andrés López Martínez

El hard rock se ha hecho partícipe de los preceptos ideológicos más sólidos del rock y puede definirse también como fuerza, gallardía, pasión y fulgor. Este libro desbroza la historia del hard rock, destacando sus claves identificativas y las bandas que lo representaron, así como la discografía fundamental.

- Aerosmith, en la montaña rusa del rock americano.
- Alice Cooper Band, shock rock y degeneración fantástica.
- Deep Purple, la señorial saga del heavy rock.
- King Crimson, sólo para paladares exquisitos.
- Led Zeppelin, el paraíso inalcanzable del rock duro.

Dance Electronic Music

Manu González

La historia de la música electrónica de baile es la historia de sus instrumentos, de sus clubs, de sus dj's, de sus comunidades y también de sus drogas. He aquí un libro que es algo más que unas páginas sobre música electrónica: es un certero viaje a través de más de cuarenta años de sonidos marcianos, rítmicas imposibles, paredes húmedas y sonido atronador.

- Björk: El house pop que vino del norte.
- The Chemical Brothers: La banda que revolucionó la música de baile.
- Daft Punk: El tecno que se volvió masivo.
- Depeche Mode: El músculo tecno pop.

Rockeras

Anabel Vélez

Mujeres como Grace Slick, Janis Joplin, Tina Turner o Patti Smith tuvieron que saltar muchos obstáculos a la hora de subirse a un escenario y poner música y actitud al rock. Pero también fue su trabajo y su talento lo que les llevó a hacerse un hueco en la historia de este género musical. Esta es la historia de las rockeras más importantes, sus difíciles comienzos, los caminos que les llevaron al éxito y los discos que las encumbraron.

- Pat Benatar: La primera voz del hard rock.
- Patti Smith: La poetisa del rock.
- Amy Winehouse: El mito caído demasiado pronto.
- Marianne Faithfull: La voz rota.

Reggae

Andrés López Martínez

Este libro recorre los orígenes del género y las características de una cultura singular, deteniéndose en los principales artífices de la música reggae y en algunas de sus muchas derivaciones. Sin olvidar los principales artistas españoles y latinoamericanos que contribuyeron a su difusión.

- Jimmy Cliff: Sus lazos con la cultura musical anglosajona.
- Count Ossie: Erudición enraizada en África.
- Marcia Griffiths: De las I-Threes, trío vocal que acompañaba a Marley, auna fulgurante carrera en solitario.
- Bob Marley: El sumo pontífice del reggae.
- Skatalites: Clásicos imperecederos.

Country Rock

Eduardo Izquierdo

Este libro compendia a los principales protagonistas de una música universal que ha llegado hasta nuestros días y que amenaza con nuevas generaciones de músicos que enarbolan la bandera de las raíces musicales para aupar un género que parecía olvidado hasta lo más alto.

- Johnny Cash: El hombre de negro.
- Ry Cooder: el incansable buscador.
- Bob Dylan: El bardo que calza camperas.
- Eagles: Las águilas que volaron más alto.
- Grateful Dead: Pioneros de las jam bands.

Bob Dylan

Manuel López Poy

Este libro es una aproximación a la vida y la obra de Bob Dylan, nada más y nada menos que un paseo por la historia cultural del siglo XX en la que el genio creador de «Like a Rolling Stone» o «Blowin' in the Wind» tiene la voz protagonista.

- La estrella del folk y la canción protesta.
- Su polémica reconversión al rock.
- Un circo llamado Rolling Thunder Revue.
- La consolidación del mito.
- Dylan y los beatniks.